Silvia Bertoni - Susanna



# Le parole italiane

## esercizi e giochi per imparare il lessico

a cura di Ciro Massimo Naddeo

ALMA Edizioni - Firenze

Progetto grafico e impaginazione: **Andrea Caponecchia**

Disegni: **Luigi Critone**

Disegno copertina: **Thelma Alvarez-Lobos**

Stampa: la Cittadina, Gianico (Bs) - www.lacittadina.it

Printed in Italy


Ultima ristampa: aprile 2008

ISBN 978-88-8644-092-9

Le vignette di pag. 113-114 sono tratte dai seguenti numeri della "Settimana Enigmistica": n. 3623 del 1/9/2001, n. 3665 del 22/6/2002, n. 3534 del 18/12/1999, n. 3624 dell' 8/9/2001, n. 3610 del 2/6/2001

**Alma Edizioni**
viale dei Cadorna, 44
50129 Firenze
tel +39 055476644
fax +39 055473531
info@almaedizioni.it
www.almaedizioni.it

# Indice

# Introduzione



### Cos'è *Le parole italiane*

*Le parole italiane* presenta esercizi e giochi per l'apprendimento, la memorizzazione e l'ampliamento del lessico italiano. Si propone quindi di esercitare, e al tempo stesso ampliare, il vocabolario dello studente straniero, guidandolo nell'uso del lessico già noto e presentandogliene di nuovo.
Si rivolge ad una fascia di studenti che hanno già avuto contatto con la lingua italiana, raggiungendo gradi di competenza diversi. Le autrici propongono quindi sia esercizi utili per studenti di livello elementare, che altri indirizzati a studenti di livello intermedio e avanzato.
In questo senso il libro vuole presentarsi con una struttura modulare e pertanto flessibile, che può essere utilizzata in modo variabile dall'insegnante, in base ai suoi obiettivi e al livello degli studenti.

### Com'è strutturato

Il libro è strutturato in due sezioni principali:

1. *Lessico*

2. *Grammatica*

La sezione *Lessico* comprende 13 unità o capitoli, divisi per aree generali di interesse (es: *Descrizione fisica, Vestiti e colori, Il tempo, Mangiare e bere*) in cui vengono inizialmente introdotti i vocaboli relativi al tema. Una volta presentato, il lessico viene poi fissato mediante esercizi variati, come giochi, cruciverba, cloze, ecc.
Quando, nei testi e negli esercizi, compaiono termini interessanti dal punto di vista grammaticale (ad esempio, nomi o aggettivi con suffissi o prefissi, parole composte o alterate, nomi con plurale irregolare, ecc.) dei piccoli box ai margini del testo rimandano al capitolo della seconda sezione (*Grammatica*) in cui l'argomento viene trattato e approfondito:

> **orgogliosi - sportivi**
> Per la *formazione degli aggettivi* con i suffissi *-oso*, *-ivo* vedi pag. 96.

Delle mini-schede evidenziano e spiegano termini o elementi particolarmente significativi:

> **bisnonna**
> Il prefisso *bis-* viene dal latino e in questo caso significa "due volte".

In ogni capitolo viene anche spiegato un proverbio o un modo di dire relativo all'argomento. Esempio (Capitolo 7, Il tempo):

proverbi e modi di dire: **Chi ha tempo non aspetti tempo**
significato: *se hai tempo di fare una cosa, falla subito*

La seconda parte del libro consiste invece di una sezione di *Grammatica del lessico* tesa a mantenere un filo di unione fra significato e struttura, cioè fra lessico e grammatica.
In questa sezione vengono affrontati argomenti di solito poco trattati nei testi di italiano lingua straniera, come ad esempio la formazione di nomi e aggettivi, l'alterazione, i nomi irregolari, i prefissi e i suffissi, le parole composte.
La presentazione teorica delle regole viene svolta attraverso schede ed esempi d'uso facilmente comprensibili:

| | |
|---|---|
| Paolo fa il **muratore.** *(il muratore costruisce il "muro")*<br>Devo fare benzina, vado al **distributore**.<br>*(il distributore "distribuisce" benzina)* | *a)* **-tore**: *questo suffisso ha un significato attivo. Indica la persona o l'oggetto che fa un'azione.* |

La presentazione grammaticale è quindi accompagnata da ulteriori esercizi volti alla fissazione.
Lungo il libro si trovano anche alcune pagine di consigli per lo studente: *Consigli per l'uso del dizionario, Tecniche di riconoscimento* e *Tecniche di memorizzazione*.
Alla fine del volume sono riportate le chiavi degli esercizi, che rendono il libro utilizzabile anche in una situazione di autoapprendimento.
Agli insegnanti e agli studenti auguriamo buon lavoro e buon divertimento con *Le parole italiane*.

Le autrici

Sezione 1

# Lessico

# 1 Informazioni personali



*1. Associa ogni descrizione alla persona giusta, come nell'esempio.*

Questa è Simona, l'insegnante, *ferrarese*. Non le piace dire la sua età ma è certamente *sulla quarantina*.

Hong Chin è *vietnamita* ed è *sui trenta*. È una cantante lirica molto brava.

Anja, una signora *russa*, innamoratissima di un ingegnere di *mezz'età*.

Farid *viene dalla* Francia, è *parigino*, lavora in Italia e vuole iscriversi all'Università.

La più brava del corso: Ulrike, che *viene da* Stoccolma. Ha sempre voluto vivere e lavorare in Italia, per questo studia italiano da quando era *adolescente*.

Ecco Zahir, è *keniota*. Studia italiano da 3 anni perché è sposato con una *romana*.

Ecco Pavel, un sacerdote *polacco*. Nessuno ha capito che età ha.

**ferrarese - parigino - polacco**
Per la *formazione degli aggettivi* da nomi di città e nazioni vedi pag. 96.

| | | | | |
|---|---|---|---|---|
| **sulla 30-ina** | | | 30 | |
| **sulla 40-ina** | = | più o meno | 40 | anni |
| **sulla 50-ina** | | | 50 | |

| | | | | |
|---|---|---|---|---|
| **sui trenta** | | | 30 | |
| **sui quaranta** | = | più o meno | 40 | anni |
| **sui cinquanta** | | | 50 | |

| | | | |
|---|---|---|---|
| **è di** | Parigi<br>Roma | **viene da** | Parigi<br>Roma |
| | *ma* | | |
| **è** | francese<br>italiano | **viene** | **dalla** Francia<br>**dall'**Italia |

2. *In questa canzone di Luca Carboni ci sono aggettivi (qualche volta al singolare, qualche volta al plurale) che indicano la provenienza da una città o da una regione. Trovali, scrivili nella tabella e indica a quale città o regione si riferiscono, come negli esempi.*

### Inno Nazionale

Io sono troppo bolognese,
tu sei troppo napoletano
egli* è troppo torinese
e voi siete troppo di Bari
sì noi siamo troppo orgogliosi,
loro sono troppo veneziani
e anche dentro la stessa città,
siamo sempre troppo lontani!

E siamo sempre troppo romani,
e si vede che siamo troppo milanesi
e lo vedi anche allo stadio
che siamo sempre troppo tesi*
siamo tifosi poco sportivi
perché siamo troppo fiorentini
e la polizia controlla
che non stiamo troppo vicini!

E allora son troppo bolognese
e tu sei troppo cagliaritano [...]

E io son troppo emiliano,
tu sei troppo siciliano
egli è troppo calabrese,
e voi troppo molisani
e noi siamo troppo chiusi,
loro son troppo altoatesini
e anche se è caduto il muro,
abbiamo sempre troppi confini! [...]

*(Luca Carboni - 1995 BMG Ricordi SpA)*

| aggettivo | città |
|---|---|
| bolognese | Bologna |
| | |
| | |
| | |
| | |
| | |
| | |
| | |

| aggettivo | regione |
|---|---|
| emiliano | Emilia Romagna |
| | |
| | |
| | |

**emiliano - siciliano**
Per la *formazione degli aggettivi* da nomi di regioni vedi pag. 96.

**orgogliosi - sportivi**
Per la *formazione degli aggettivi* con i suffissi *-oso, -ivo* vedi pag. 96.

***egli:*** *lui (letterario).*
***tesi:*** *nervosi, ansiosi.*

3. *Quali periodi della vita rappresentano i disegni? Scrivi per ogni disegno la parola corretta.*

**adolescenza - infanzia - mezza età - matrimonio - vecchiaia/terza età - giovinezza**

1. ____________

2. ____________

3. ____________

4. ____________

5. ____________

6. ____________

4. *Fai il cruciverba.*

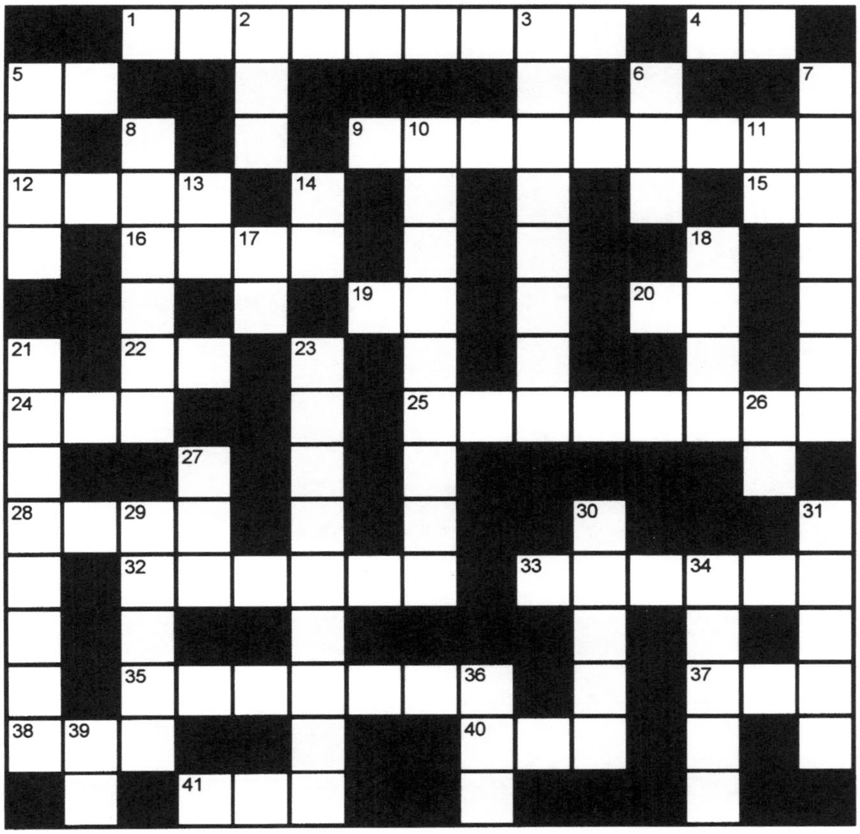

**VERTICALI** ↓

**2** Uno che vive a Palermo è un PA _ _ _ MITANO.
**3** La nazione con Berna, Ginevra e Zurigo.
**5** La capitale d'Italia.
**6** Una regione a Nord-Ovest d'Italia: _ _ _ D'AOSTA.
**7** Un marocchino viene dal ...
**8** Le donne della Grecia sono ...
**10** Mozart era ...
**11** Una donna che viene dalla Polonia è POLAC _ _.
**13** Questo è un libro in _ _ ALIANO.
**14** Una città della Liguria: _ _ SPEZIA.
**17** Una donna che viene dal Brasile è BRASILIA _ _.
**18** Se nasci in Francia sei FRAN _ _ _ _ .
**21** Gli uomini nati in Germania sono ...
**23** La regione di Milano.
**26** Chi è nato in Sicilia è SICILIA _ _.
**27** Uno Stato degli Stati Uniti: _ _ _ ADA.
**29** A Mosca si parla il ...
**30** La regione di Roma.
**31** Se sei di Bruxelles, sei ...
**34** Seul è la capitale della _ _ _ _ _ DEL SUD.
**36** Una donna della Romania è RUM _ _ _ .
**39** Una bambina di Palermo è PALERMITA _ _ .

**ORIZZONTALI** →

**1** Una persona che vive a Bologna.
**4** Gli abitanti di Parigi sono PARIGI _ _.
**5** Reggio Calabria.
**9** La nazione che ha per capitale Copenaghen.
**12** Lo Ionio e il Tirreno sono ...
**15** Buenos Aires è in _ _ GENTINA.
**16** Un vulcano ancora attivo in Sicilia.
**19** Poste e Telegrafi.
**20** Se nasci in Galles sei GAL _ _ SE.
**22** Un polacco, due POLACC _ _ .
**24** Uno nato in Norvegia è un NORVEG _ _ _ .
**25** Se nasci a Bagdad sei ...
**28** Irlanda.
**32** Un originario del Perù è PER _ _ _ _ _ _.
**33** La regione di Ancona.
**35** Stoccolma è una città ...
**37** La Toscana è una _ _ _ IONE dell'Italia centrale.
**38** Il tango più famoso è ARGENT _ _ _ .
**40** Se sei nato in Nuova Zelanda sei _ _ _ ZELANDESE.
**41** Istituto Nazionale Assicurazioni.

**Bologna - Liguria - Grecia**
Per i *nomi geografici* vedi pag. 92.

5. *In italiano ci sono molte espressioni che usano le nazionalità e parole che descrivono età particolari. Associa ogni espressione o parola al suo significato, come nell'esempio.*

| espressione o parola | significato |
|---|---|
| **1. Quando gli ho chiesto se poteva ridarmi i soldi che gli avevo prestato, Gianni ha fatto l'indiano. *(fare l'indiano)*** | a. essere molto puntuale. |
| 2. Il biglietto per il concerto costava più di 60 Euro, ma noi abbiamo fatto i portoghesi. *(fare i portoghesi)* | b. tenda da campeggio. |
| 3. Oggi Chiara compie 18 anni: finalmente è maggiorenne! *(maggiorenne)* | c. persona che ha più di 100 anni. |
| 4. Luigi è un uomo anziano. *(anziano)* | d. entrare senza pagare. |
| 5. Quando Anna comincia a parlare del suo lavoro per me è come se parlasse arabo. *(parlare arabo)* | e. uno dietro l'altro. |
| 6. Questo film è una vera e propria americanata! *(americanata)* | f. fumare moltissimo. |
| 7. Il figlio di Marta ha solo due settimane: è un neonato. *(neonato)* | g. persona che ha meno di 18 anni. |
| 8. Vent'anni fa fumavo come un turco. Poi ho deciso di smettere. *(fumare come un turco)* | h. bambino appena nato. |
| 9. Eccolo! Come al solito, Paolo è un orologio svizzero. *(essere un orologio svizzero)* | **i. fare finta di niente, mostrare indifferenza.** |
| 10. Laura ha un bel nasino alla francese. *(nasino alla francese)* | l. naso all'insù. |
| 11. La Sardegna e il Giappone hanno il record degli ultracentenari. *(ultracentenario)* | m. andare via senza farsi vedere. |
| 12. I bambini si sono messi in fila indiana. *(in fila indiana)* | n. parlare una lingua difficile, incomprensibile. |
| 13. Di fronte a una situazione difficile, Sergio se ne va sempre all'inglese. *(andarsene all'inglese)* | o. vecchio. |
| 14. Marco ha 20 anni come me, è mio coetaneo. *(coetaneo)* | p. donna giovane, non adulta. |
| 15. Devo andare in vacanza: mi presti la tua canadese? *(canadese)* | q. esagerato, eccessivo. |
| 16. Paola ha 40 anni ma si comporta come una ragazzina. *(ragazzina)* | r. persona della stessa età. |
| 17. I minorenni non possono votare. *(minorenne)* | s. persona che ha più di 18 anni. |

**maggiorenne - minorenni**
Per la *formazione degli aggettivi* vedi pag. 96.

**nasino - ragazzina**
Per le *parole alterate* vedi pag. 108.



**neonato**
Il prefisso *neo-* è comune, viene dal greco e significa "recente", "nuovo".

**ultracentenari**
Il prefisso *ultra-* viene dal latino e significa "oltre". Indica la massima intensità della parola.

**coetaneo**
Il prefisso *co-* viene dal latino e significa "insieme", "con". Indica compagnia, unione.

proverbi e modi di dire: **Moglie e buoi dei paesi tuoi**
significato: *la moglie e le cose del proprio Paese sono le migliori*

# 2 Descrizione fisica



1. *Completa il testo con le parole della lista.*

**adolescenti - azzurri - caratteristiche - corporatura - lunghi - moro - muscoloso**

## L'uomo ideale? Si "crea" in rete

**Finalmente sarà possibile trovare il fidanzato perfetto sul sito internet Virtual Boy**

Com'è il ragazzo dei tuoi sogni? Biondo, ____________, rosso? Con gli occhi ____________, castani, neri? O forse li preferisci verdi? Ti piace un tipo alto, ____________ e atletico o uno intellettuale con gli occhiali, il pizzetto e forse anche i capelli ____________?
Non ti preoccupare: adesso il fidanzato ideale lo puoi "programmare" direttamente sul web. Quest'anno infatti tutte le ragazze in cerca dell'amore con la "A" maiuscola potranno collegarsi al sito di Virtual Boy e decidere le caratteristiche del fidanzato virtuale. Si possono scegliere i tratti fisici: ____________, occhi, capelli, gambe, altezza, carnagione… e quelli del carattere, gli hobby e i gusti. Insomma, tutte le ragazze potranno "modellarsi" un amore su misura e vivere insieme a lui una bellissima storia d'amore virtuale.
Poi, appena finito il periodo di "creazione", Virtual Boy uscirà dalla rete in carne ed ossa* con le ____________ del fidanzato ideale eletto dalla maggioranza delle internaute. Sarà allora possibile scambiare sms, email, foto e poesie, seguire in diretta i momenti della sua giornata, chattare con lui e leggere il suo diario.
Il progetto naturalmente sta avendo un grande successo soprattutto tra le ____________.
Già nella prima settimana di programmazione Virtual Boy ha ricevuto più di un migliaio di email.

*(adattato da www.myvirtualboy.net)*

* ***in carne ed ossa:*** *in persona.*

**web - hobby**
Per le *parole straniere* vedi pag. 116.

proverbi e modi di dire: **Per belle apparire, un poco si deve soffrire**
significato: *se vuoi essere bella, devi fare qualche sacrificio*

*2a. A quale categoria del corpo si riferiscono queste liste di parole? Scrivi per ogni lista la categoria giusta, come nell'esempio. Scegli in questo gruppo:*

**ALTEZZA - CAPELLI - CARNAGIONE - CORPORATURA - GAMBE - OCCHI**

**1. CORPORATURA**
gracile - asciutta - snella - slanciata - atletica - robusta - muscolosa - corpulenta

**2.** ____________
a mandorla - storti - azzurri - castani - neri - verdi - espressivi - inespressivi - dolci - furbi - vispi

**3.** ____________
bianchi - brizzolati - biondi - castani - neri - rossi - con colpi di sole - lisci - ondulati - crespi - ricci - con il gel - raccolti - sciolti - con la coda

**4.** ____________
lunghe - corte - slanciate - muscolose - dritte - storte - pelose

**5.** ____________
alto/a - basso/a - media - alto/a come un granatiere - un tappo

**6.** ____________
chiara - scura - olivastra - nera - orientale - abbronzata

*2b. Ora costruisciti TU il fidanzato o la fidanzata ideale. Per ogni categoria, scegli l'aggettivo (o gli aggettivi) che preferisci dalle categorie dell'esercizio 2a.*

| corporatura | altezza | carnagione | capelli | occhi | gambe |
|---|---|---|---|---|---|
| | | | | | |

3. *Associa ogni aggettivo al suo contrario, come nell'esempio.*

| aggettivo | contrario |
|---|---|
| **1. calvo** → | **d. capellone** |
| 2. magro | a. vecchio |
| 3. bello | b. brutto |
| 4. giovane | c. storto |
| 5. dritto | e. liscio |
| 6. lungo | f. grasso |
| 7. riccio | g. robusto |
| 8. pesante | h. debole |
| 9. forte | i. corto |
| 10. snello | l. leggero |

4. *Conosci le parti del corpo? Completa le frasi con le parole della lista.*

**alluce - baffi - caviglia - collo - dita - fronte - ginocchio - gomito - guancia - labbra - medio - mignolo - naso - occhi - orecchie - palmo - pollice - schiena - sopracciglia - spalle - tallone**

1. La mano ha cinque __________. Quello più lungo si chiama __________, quello più piccolo si chiama __________, il primo è corto e grosso e si chiama __________.
2. Il dito più grande del piede si chiama __________.
3. A metà del braccio c'è il __________, a metà della gamba c'è il __________.
4. Per dare un bacio usiamo le __________.
5. Sotto il piede c'è il __________.
6. Tra la testa e le spalle c'è il __________.
7. I "capelli" sopra gli occhi sono le __________.
8. La parte posteriore del corpo si chiama __________.
9. Tra la gamba e il piede c'è la __________.
10. Tra gli occhi e i capelli c'è la __________.
11. La parte interna della mano si chiama __________.
12. La parte destra e sinistra della faccia si chiama __________.
13. Tra il collo e le braccia ci sono le __________.
14. Per vedere uso gli __________, per ascoltare uso le __________, per sentire gli odori uso il __________.
15. Sulla faccia degli uomini crescono la barba e i __________.

5. *Ora scrivi il nome giusto per ogni parte del corpo, come negli esempi.*

**alluce - anulare - bacino - ~~baffi~~ - ~~barba~~ - braccio - caviglia - collo - ~~dita~~ - fronte - gamba - ginocchio - guancia - gomito - ~~indice~~ - labbra - medio - mignolo - naso - occhio - orecchio - pancia - ~~palmo~~ - petto - pollice - schiena - sopracciglia - spalla - tallone**

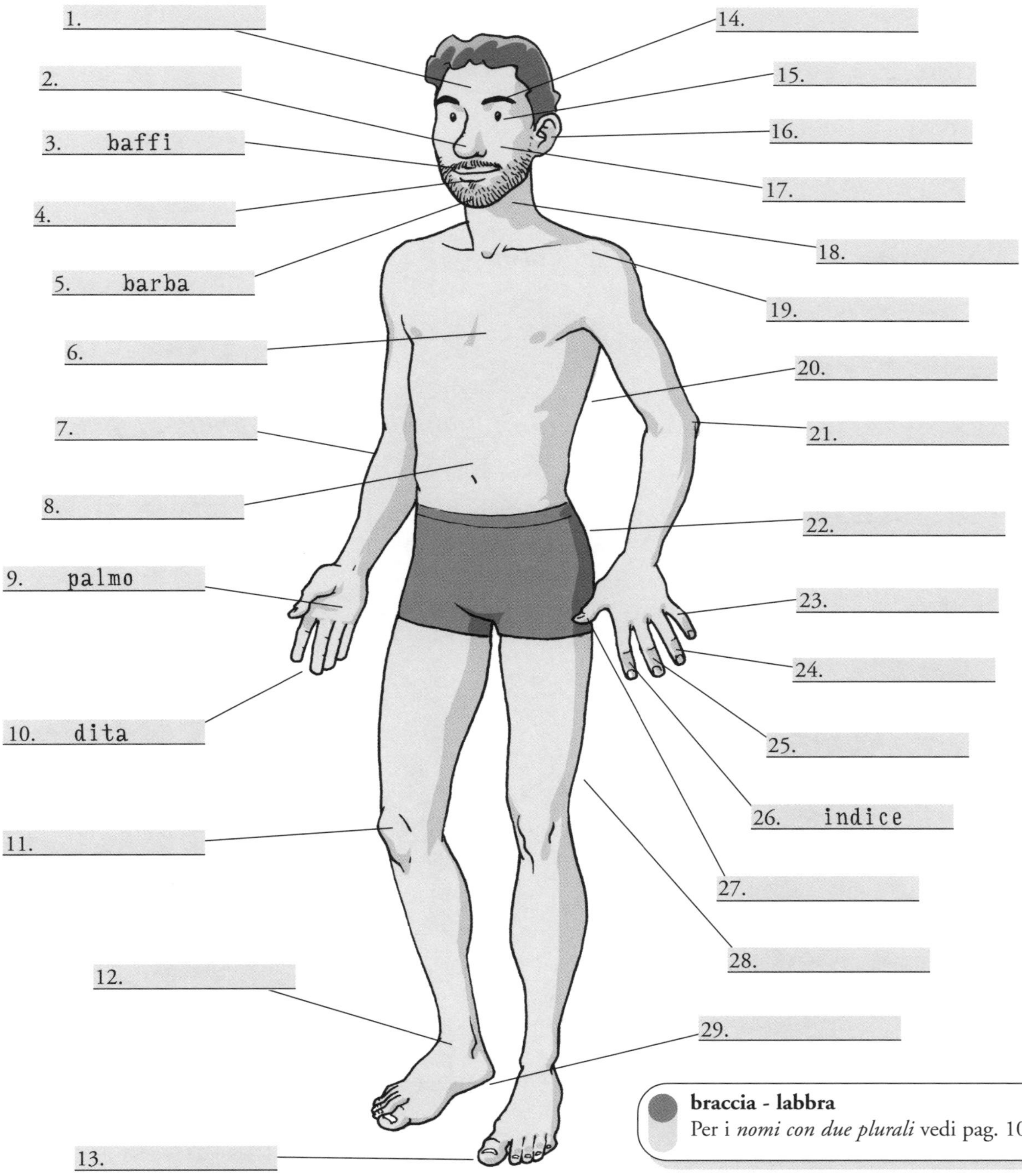


**braccia - labbra**
Per i *nomi con due plurali* vedi pag. 102.

6. *Parliamo di capelli. Guarda i disegni e poi scrivi il nome giusto per ogni descrizione, come nell'esempio.*

**Serena**

**Chiara**

**Paolo**

**Antonio**

**Felicia**

**Guido**

**Federica**

**Anna**

**Isa**

1. Ha i capelli all'indietro: Chiara
2. Ha i capelli rasati a zero: ______
3. Ha i capelli a caschetto: ______
4. Ha la riga da una parte: ______
5. Ha le trecce: ______
6. Ha i capelli a spazzola: ______
7. Ha i capelli ondulati: ______
8. Ha la frangia: ______
9. Ha la riga in mezzo: ______

7. *Leggi questo annuncio di un cuore solitario.*

**Ti cerco donna 25/35enne** assolutamente bellissima fuori e dentro, in gamba, cerebrale, misteriosa e affascinante. Sono 35enne dirigente multinazionale a Modena, stanco di solitudine e quotidianità alla ricerca di approdo dopo lunga navigazione verso i lidi della vita **(Stefano, stefa@ita.it)**

*Come vedi, Stefano cerca una "donna in gamba", cioè intelligente e brava in tutto quello che fa. Gli italiani usano molte espressioni idiomatiche con parti del corpo. Completa le frasi con le parole della lista.*

**bocca - braccio - capello - fronte - ginocchio - gomito - lingua - mani - mano - naso - occhio - orecchio**

1. Ho chiamato un taxi che non è venuto: ho un diavolo per ____________________! *(sono molto arrabbiato)*
2. Giorgio ha molto ____________________: suona la chitarra e il pianoforte. *(ha molta sensibilità per la musica)*
3. Il mio capo è un uomo alla ____________________. *(è informale, facile da trattare)*
4. In generale gli italiani sono di ____________________ buona. *(mangiano di tutto)*
5. Non potrei lavorare senza Caterina: è il mio ____________________ destro! *(una persona fondamentale sul lavoro)*
6. In questo quartiere le case costano un ____________________ della testa. *(sono molto care)*
7. I miei nonni sono emigrati e hanno fatto fortuna; se la sono guadagnata con il sudore della ____________________. *(con il duro lavoro)*
8. Carla ha proprio la ____________________ lunga. *(parla troppo)*
9. Per gli affari ci vuole ____________________. *(intuito)*
10. Ogni volta che esco compro qualcosa: ho le ____________________ bucate! *(spendo molti soldi)*
11. Dopo la guerra l'Italia era in ____________________. *(a terra, K.O.)*
12. In alcuni Paesi la gente alza il ____________________ più che in altri. *(beve troppo)*

# 3 Personalità e sentimenti

*1a. Leggi cosa è successo a Simona, l'insegnante d'italiano, e rimetti i paragrafi nell'ordine giusto in modo da ricostruire la storia.*

**A. (n°__)** Un giorno però Kabir è arrivato a scuola e ha visto Simona che scherzava con Marco, un collega. Kabir, gelosissimo, ha pensato subito che Simona gli stava facendo le corna con Marco. Simona naturalmente ha detto che non era vero, ma Kabir non le ha creduto. Kabir e Simona hanno cominciato a litigare come cane e gatto ogni giorno, così alla fine hanno deciso di lasciarsi.

**B. (n°__)** Kabir non aveva ancora un lavoro, ma per Simona questo non era un problema. Insomma erano proprio due cuori e una capanna. Ogni giorno Kabir veniva a scuola durante la pausa pranzo e andavano a mangiare un panino insieme, tubando come due piccioncini.

**C. (n° 1)** Qualche anno fa, durante una lezione, Simona ha visto l'uomo più bello della sua vita: Kabir, un suo studente indiano. È stato subito amore per tutti e due, un vero e proprio colpo di fulmine!

**D. (n°__)** Kabir ha trovato una camera in centro e Simona, con il cuore infranto, ha deciso di dimenticarlo. Così, per consolarsi è andata in discoteca con le amiche ad abbordare un altro uomo. Peccato! Con Kabir aveva davvero sperato di aver trovato l'uomo della sua vita, il principe azzurro!

**E. (n°__)** In un primo momento Simona però non ha dato corda a Kabir, perché non voleva avere una relazione con uno studente, ma dopo alcune settimane ci ha ripensato e lo ha invitato a vivere con lei. I due erano innamorati cotti, vivevano insieme e facevano tutto insieme.

**piccioncini**
Per le *parole alterate* vedi pag. 108.

*1b. Nella storia ci sono alcune espressioni sottolineate. Scrivi ogni espressione vicino al significato corretto, come nell'esempio.*

| espressione del testo | significato |
|---|---|
| 1. tubando come due piccioncini | amoreggiando |
| 2. | molto innamorati |
| 3. | interrompere la relazione |
| 4. | era infedele |
| 5. | molto triste per la fine dell'amore |
| 6. | l'uomo ideale |
| 7. | è rimasta indifferente, non ha mostrato interesse |
| 8. | amore al primo incontro, amore a prima vista |
| 9. | discutere |
| 10. | inseparabili |
| 11. | conoscere qualcuno (per avere un'avventura, un flirt) |

2a. *Come hai visto nella storia precedente Kabir è un tipo molto geloso. Tu che tipo sei? Com'è il tuo carattere? Sei stravagante e giocoso/a? O sei temerario/a e passionale? Ecco la tabella per sapere tutto sulla tua personalità e su quella dei tuoi amici a seconda del segno zodiacale*

*3 = molto  2 = abbastanza  1 = poco*

| | Ariete | Toro | Gemelli | Cancro | Leone | Vergine | Bilancia | Scorpione | Sagittario | Capricorno | Acquario | Pesci |
|---|---|---|---|---|---|---|---|---|---|---|---|---|
| **cautela*** | 1 | 2 | 3 | 3 | 2 | 2 | 2 | 3 | 1 | 2 | 1 | 3 |
| **temerarietà*** | 3 | 2 | 3 | 2 | 3 | 1 | 2 | 2 | 3 | 1 | 2 | 2 |
| **fedeltà** | 2 | 3 | 1 | 3 | 3 | 3 | 2 | 3 | 2 | 3 | 1 | 3 |
| **stravaganza*** | 3 | 2 | 3 | 1 | 3 | 1 | 2 | 2 | 3 | 2 | 3 | 2 |
| **gelosia** | 2 | 3 | 1 | 3 | 3 | 3 | 2 | 3 | 1 | 2 | 1 | 3 |
| **passionalità** | 3 | 3 | 2 | 2 | 3 | 1 | 2 | 3 | 3 | 2 | 1 | 2 |
| **giocosità*** | 3 | 2 | 3 | 2 | 3 | 1 | 3 | 2 | 3 | 2 | 2 | 2 |
| **possessività** | 2 | 3 | 1 | 2 | 3 | 2 | 2 | 3 | 1 | 2 | 1 | 2 |
| **tenerezza*** | 3 | 3 | 2 | 3 | 3 | 2 | 3 | 2 | 2 | 2 | 2 | 3 |

*(adattato da www.excite.it)*

***cautela:** prudenza.*

***temerarietà:** coraggio.*

***stravaganza:** originalità.*

***giocosità:** voglia di giocare.*

***tenerezza:** dolcezza, affetto.*

**temerarietà - fedeltà - tenerezza**
Per la *formazione dei nomi* vedi pag. 84.

2b. *Hai scoperto le tue caratteristiche? Io, che sono del Toro, sono molto fedele e anche molto gelosa. Ora guarda la tabella dell'esercizio 2a e descrivi con aggettivi il carattere di Simona, che è dell'Acquario, e di Kabir, che è dei Pesci.*

**Simona è:** ____________________________________________

**Kabir è:** ____________________________________________

3. *Una persona che non è "educata" è "mal-educata", qual è invece il contrario di "paziente"? Forma il contrario degli aggettivi usando i prefissi negativi* ***s-, dis-, in-*** *(o le varianti di* ***in-****:* ***im-*** *e* ***ir-****), come negli esempi.*

| aggettivo | contrario |
|---|---|
| 1. cortese | scortese |
| 2. gradevole | |
| 3. sensibile | |
| 4. affidabile | |
| 5. colto | **in**colto |
| 6. onesto | **dis**onesto |
| 7. ordinato | |
| 8. contento | |
| 9. felice | |
| 10. fedele | |
| 11. fortunato | |
| 12. sicuro | |
| 13. morale | **im**morale |
| 14. maturo | |
| 15. prudente | |
| 16. paziente | |
| 17. razionale | **ir**razionale |
| 18. ragionevole | |

**cortese/scortese**
Per la *formazione dei contrari* vedi pag. 106.

proverbi e modi di dire: **L'amore è cieco**
significato: *se ami qualcuno non vedi i suoi difetti*

4. *Ecco una lista di verbi che esprimono sentimenti. Mettili nel contenitore giusto, come negli esempi.*

**adorare - ~~amare~~ - ammirare - andare pazzo per - apprezzare - desiderare - detestare - disamorarsi - disprezzare - essere appassionato di - interessarsi a - non poter soffrire - non sopportare - non tollerare - ~~odiare~~ - perdere la testa per - preferire - prendere una cotta per - rifiutare - stimare - volere bene a**

**MI PIACE ...**

**NON MI PIACE ...**

5. *Gli italiani sono famosi per essere romantici e passionali. Vero o no, usano molte espressioni con la parola "cuore". Qui ne hai alcune: associa ogni espressione al suo significato, come nell'esempio.*

| espressione | significato |
|---|---|
| **1. Lorenzo è il mio amico del cuore. *(amico del cuore)*** | a. essere molto generoso |
| 2. La tua felicità mi sta a cuore. *(stare a cuore)* | b. confidarsi con qualcuno, parlare sinceramente con qualcuno |
| 3. Andrea è un rubacuori. *(rubacuori)* | **c. amico molto caro** |
| 4. Ho parlato a lungo con Rosa e le ho aperto il cuore. *(aprire il cuore a qualcuno)* | d. consolare, incoraggiare |
| 5. Ho cercato di rincuorare Franco che era molto giù. *(rincuorare)* | e. emozionarsi molto |
| 6. Paolo ha il cuore in mano. *(avere il cuore in mano)* | f. persona che ha successo con le donne |
| 7. Ogni volta che lo vedo ho il batticuore. *(avere il batticuore)* | g. essere molto importante |

**rubacuori**
Per le *parole composte* vedi pag. 112

# 4 La famiglia

*1. Nel testo ci sono alcune informazioni sulla vita familiare di Simona. Scrivi nella tabella tutte le parole relative al tema "famiglia" come nell'esempio.*

Simona non è sposata, ma ha avuto un figlio dal suo ex convivente: Davide, di 16 anni. Davide va molto d'accordo con tutti e due i genitori; vive con la madre, ma passa parte del suo tempo con il padre e la moglie del padre, che è la sua matrigna. Davide è figlio unico, ma non si sente mai solo perché ha molti parenti: zii, cugini, nonni, ecc. Lo zio preferito di Davide, il fratello del padre, si chiama Giovanni, ha 38 anni e non è sposato: è uno scapolo incallito*!

****scapolo incallito:*** *un uomo che non ha nessuna intenzione di sposarsi.*

| le parole della famiglia |
|---|
| sposata |

proverbi e modi di dire: **Di mamma ce n'è una sola**
significato: *non c'è niente di così importante come la mamma*

2. *Completa l'albero genealogico di Marco con le parole della lista, come nell'esempio.*

**cugino - cugina - cognato - fratello - nipote - nonno - nonno - nonna - nonna - padre - sorella - zia**

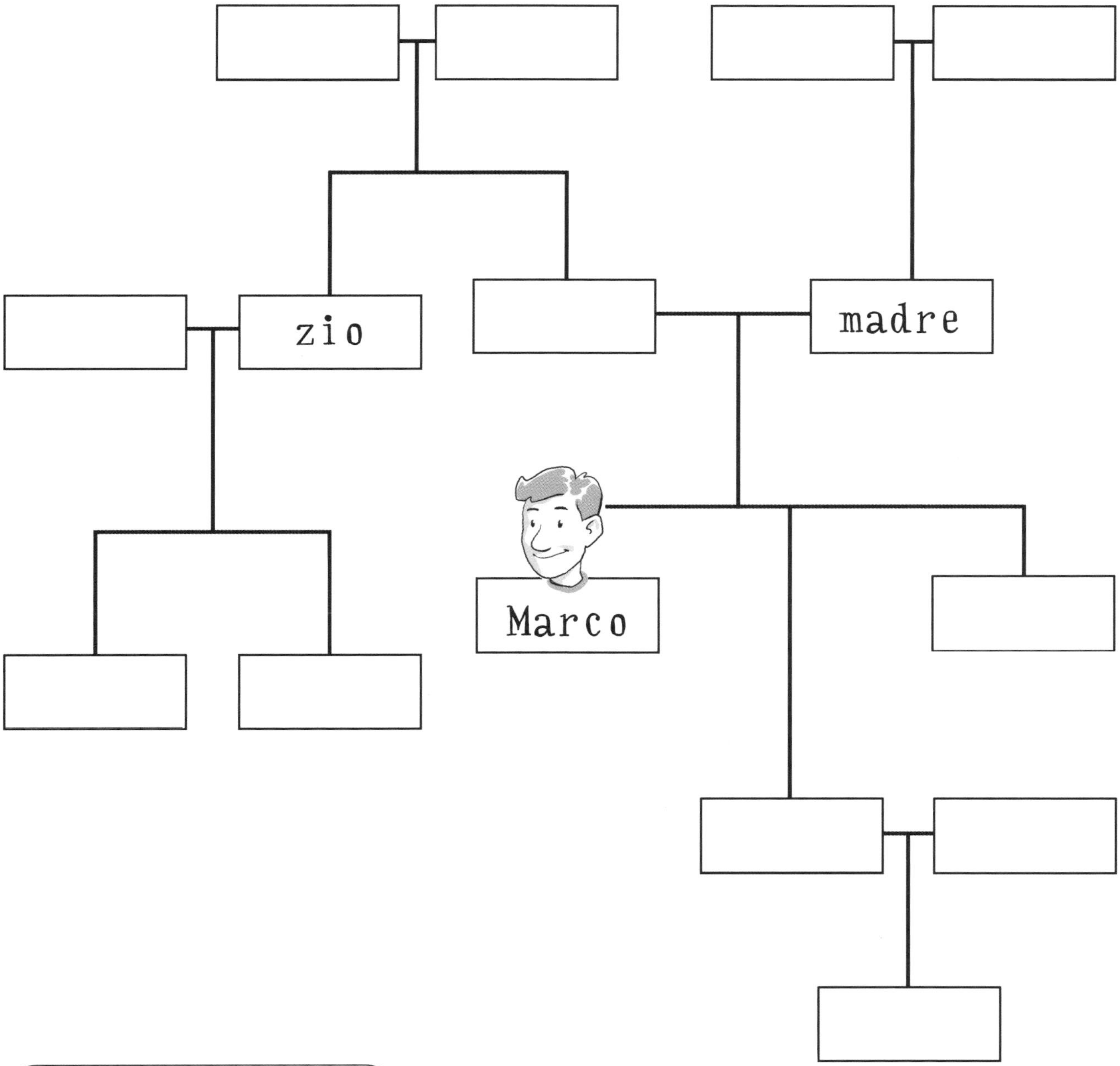


**padre → madre   nonno → nonna**
Per la *formazione dei nomi* femminili dal maschile vedi pag. 88.

*La famiglia* **4**

*3. Scegli la definizione corretta.*

**1. Chi è la bisnonna?**
a. la madre del nonno o della nonna ❑
b. una nonna con due nipoti ❑
c. una nonna molto forte ❑

**2. Chi sono i genitori?**
a. i figli piccoli ❑
b. il padre e la madre ❑
c. i fratelli del padre o della madre ❑

**3. Chi è l'ex moglie?**
a. la donna da cui si è divorziato ❑
b. la sorella della moglie ❑
c. la moglie del fratello ❑

**4. Chi è una ragazza madre?**
a. una donna sposata con un figlio ❑
b. la sorellina con un figlio ❑
c. una donna non sposata che vive sola con il figlio ❑

**5. Chi sono i conviventi?**
a. una grande famiglia ❑
b. amici che dividono un appartamento ❑
c. due persone che si amano, vivono insieme, ma non sono sposate ❑

**6. Chi è il patrigno?**
a. il padre del marito ❑
b. il marito della madre, ma non il proprio padre ❑
c. il fratello del padre ❑

**7. Chi è la suocera?**
a. la madre della moglie o del marito ❑
b. la moglie del padre ❑
c. la sorella della nonna ❑

**8. Chi è il fratellastro?**
a. il marito della sorella ❑
b. un fratello con cui abbiamo in comune il padre o la madre ❑
c. il fratello della moglie ❑

**9. Chi è il genero?**
a. il figlio di due persone non sposate ❑
b. il marito della figlia ❑
c. il ragazzo della sorella ❑

**10. Chi è la nuora?**
a. la moglie del figlio ❑
b. la figlia del fratello o della sorella ❑
c. la madre della moglie ❑

**bisnonna**
Il prefisso *bis-* viene dal latino e in questo caso significa "due volte".

4. *Trova le dieci parole relative alla famiglia nascoste in questo puzzle, poi scrivi ogni parola vicino alla definizione corretta.*

| | | | | | | | | | | | |
|---|---|---|---|---|---|---|---|---|---|---|---|
| C | O | N | V | I | V | E | N | T | E | N | O |
| C | L | P | A | O | Z | I | O | I | R | S | R |
| Y | O | E | T | N | E | R | A | P | C | O | T |
| W | P | L | C | O | N | I | U | G | E | F | S |
| A | A | V | I | C | Q | R | M | I | L | V | A |
| O | C | I | N | U | O | I | L | G | I | F | I |
| L | S | O | M | S | A | D | T | S | V | M | L |
| P | R | I | M | O | G | E | N | I | T | O | G |
| W | A | N | G | I | R | T | A | M | B | D | I |
| G | E | N | I | T | O | R | E | W | A | X | F |

1. La persona con cui si è sposati: ____________________

2. La persona con cui si vive senza essere sposati: ____________________

3. Il figlio del mio partner: ____________________

4. Non ha fratelli e sorelle: ____________________

5. Un familiare: ____________________

6. La moglie di mio padre: ____________________

7. Il fratello di mia madre o di mio padre: ____________________

8. Il padre o la madre: ____________________

9. Un uomo non sposato: ____________________

10. Il figlio più grande: ____________________

*5. Fai il cruciverba sulla famiglia.*

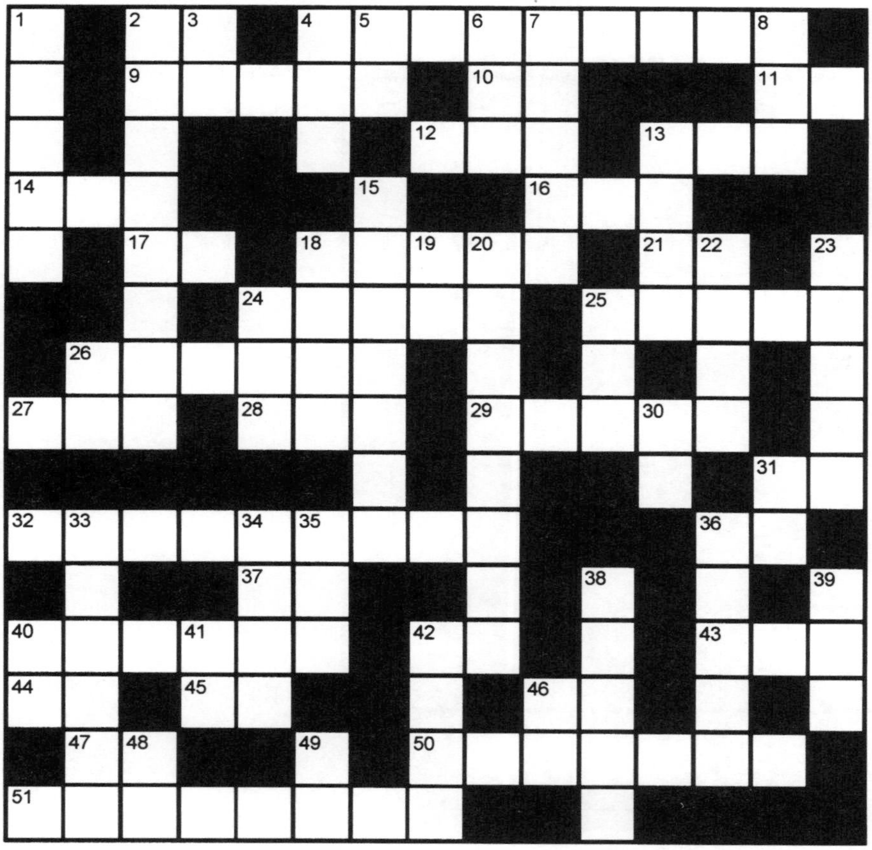

**VERTICALI** ↓

**1** Ti presento _ _   _ _ _ ex marito.
**2** Quando non si vuole più essere sposati si chiede il ...
**3** Il figlio dello zio è ... cugino.
**4** Il futuro marito si chiama _ _ _ ANZATO.
**5** ..., tu, lui, lei, noi, voi, loro.
**6** Anna e Marco sono SPOS _ _ _ e hanno due figli.
**7** La moglie del figlio.
**8** La festa della mamma in Italia è nel mese di M _ _ _ IO.
**13** Mio fratello e la moglie si ... separati.
**15** Zii, cugini. fratelli, sorelle, genitori sono tutti ...
**18** Leggenda, storia fantastica.
**19** 1100 in numeri romani.
**20** La sorella più grande è la sorella ...
**22** Il giorno in cui sono nato è il mio COMPLE _ _ _ _.
**23** Così si chiama il papà nel centro Italia.
**24** Quando si vive con qualcuno senza essere sposati si _ _ _ VIVE.
**25** Uno scapolo è un uomo ... sposato.
**26** I genitori dei genitori sono i NON _ _ .
**30** Si beve alle 5 del pomeriggio.
**31** Si dice prima di sposarsi.
**33** Non è mio marito ma lo amo.
**34** Un bambino molto piccolo è un NEO _ _ _ _ .
**35** Mio, ..., suo, nostro, vostro, loro.
**36** Purtroppo i miei amici non si amano più e si sono _ _ _ _ _ ATI.
**38** Sergio non ha fratelli o sorelle, è figlio ...
**39** Per sposarsi bisogna essere in ... !
**40** Io ... sono sposato due anni fa.
**41** Purtroppo ... loro padre sta male.
**42** Prima di nascere il figlio resta dentro la madre per nove ...
**46** Io ..., tu dai, lui dà.
**48** Ho due sorelle e ... solo fratello.
**49** Si dice quando non si è d'accordo.

**ORIZZONTALI** ➛

**2** Il padre ... mio padre è mio nonno.
**4** Il femminile di "fidanzato".
**9** Quello è _ _   _ _ _ figlio più piccolo.
**10** Io, ..., lui, lei, noi, voi, loro.
**11** Il marito e la moglie si chiamano anche CONIU_ _.
**12** Il padre di mia cugina è mio ...
**13** L'abbreviazione di "Signore".
**14** Questo è il mio fratello più piccolo, il mio FRATELL _ _ _ .
**16** La festa del papà in Italia è nel mese di MA _ _ _ .
**17** Il marito della regina.
**18** Un'altra parola per "madre".
**21** La figlia di mio zio è mia CUGI _ _.
**24** Più o meno.
**25** La madre della madre.
**26** Il figlio di mio figlio.
**27** Il fratello di mio padre è mio ...
**28** Negazione.
**29** Dopo 25 anni di matrimonio si festeggiano le nozze d'AR _ _ _ _ _.
**31** Io ..., tu sai, lui sa.
**32** Il giorno di San ... è la festa degli innamorati.
**36** Il contrario di "no".
**37** A due persone che si sposano si dice "_ _ GURI!"
**40** Il maschile di "moglie".
**42** Il contrario di "peggio": _ _GLIO.
**43** Il primogenito è il figlio ... grande.
**44** I cattolici si sposano ... chiesa.
**45** Il fratello del padre e della madre è ... zio.
**46** Il figlio ... mio padre è mio fratello.
**47** Seconda persona singolare.
**50** Il padre di mio marito.
**51** Mio padre e mia madre sono i miei ...

**fratellino**
Per le *parole alterate* vedi pag. 108.

# Consigli per l'uso del dizionario

Quando non conosci una parola, osservala per capire a quale categoria grammaticale appartiene:

- se è un *verbo*, cerca sempre l'infinito: -are, -ere, -ire;
- se è un *aggettivo*, cerca sempre la forma maschile: in -o oppure in -e;
- se è un *nome*, individua prima se è singolare o plurale; infatti sul dizionario devi sempre cercare il singolare.

# 5 Vestiti e colori

*1a. Completa con le parole della lista questo articolo di una rivista femminile.*

**giacca - gonne - lana - marrone - righe - stilista - stivali - tinte - trasparenti - vinaccia - vita**

Care lettrici,

la sfilata dello ____________ Coveri ci ha presentato una donna forte e femminile con alcuni dettagli maschili; la donna di Coveri infatti porta la ____________ e la cravatta, come un vero uomo, con gonne e abiti che ricordano gli anni 60. La ____________ delle gonne e dei pantaloni è alta con cinture che esaltano la femminilità. Con queste linee femminili abbiamo tessuti maschili pesanti come la ____________, e accessori originali.

La collezione di Jorando è stata invece molto divertente, colorata, allegra. Le modelle indossavano ____________ lunghe, abiti con fantasie colorate, portati con maglioncini e hotpants minuscoli, o pantaloni che arrivano appena sotto il ginocchio.

Nella collezione di Rebecchi vediamo abiti lunghi e floreali, maglioni a ____________ grosse con la sciarpa negli stessi colori, pantaloni o giacche di velluto. Per i piedi, una vecchia idea sono gli ____________ portati sopra i pantaloni. Per il giorno Rebecchi propone colori come marrone, bordeaux, ____________ e tonalità naturali; per la sera sceglie uno stile sexy, con abiti e camicie ____________ e giacche e pantaloni neri.

Nella collezione di Byblos i pantaloni sono larghi, le gonne sopra il ginocchio. Di giorno si usano colori tipicamente invernali come il ____________, il nero, il grigio. La sera invece si fa più colorata con abitini corti in ____________ delicate come l'azzurro pastello, o in seta color oro.

Il prossimo inverno insomma, care lettrici, sarà ricco di colori e stoffe diverse per tutti i gusti e tutte le tasche!

**hotpants - bordeaux - sexy**
Per le *parole straniere* vedi pag. 116.

**manglioncini - abitini**
Per le *parole alterate* vedi pag. 108.

**Nota Bene**
Il nome è *fiore* ma l'aggettivo è *floreale*!

*1b. Nel testo dell'esercizio 1a ci sono molte espressioni relative all'abbigliamento. Sai cosa significano? Associa ogni espressione al significato corretto, come nell'esempio.*

| n. riga | espressione del testo | significato |
|---|---|---|
| 2 | **a. stilista** | 1. con fiori |
| 4 | b. vita | 2. colore rosso scuro, quasi viola |
| 6 | c. lana | 3. la parte del corpo sopra i fianchi |
| 10 | d. hotpants | **4. designer di moda** |
| 11 | e. floreali | 5. quasi invisibili |
| 11 | f. righe | 6. pantaloni molto corti |
| 12 | g. sciarpa | 7. colori |
| 13 | h. stivali | 8. linee |
| 14 | i. vinaccia | 9. scarpe molto alte, che arrivano sotto il ginocchio |
| 15 | l. trasparenti | 10. tessuto molto pesante |
| 18 | m. tinte | 11. foulard di lana che si mette intorno al collo |

proverbi e modi di dire: **L'abito non fa il monaco**
significato: *non giudicare una persona dalle apparenze*

2. *Anche Simona segue la moda. Questi sono i suoi vestiti. Usa le espressioni della lista per descriverli, come nell'esempio.*

**a collo alto - a fiori - a maniche lunghe - a maniche corte - a quadretti - a righe - ~~a tinta unita~~ - fantasia - senza maniche**

1. Una giacca a tinta unita
2. Una camicia ____________
3. Una maglietta ____________
4. Un paio di pantaloni ____________
5. Un vestito ____________
6. Una gonna ____________
7. Una sciarpa ____________
8. Una camicietta ____________
9. Un maglione ____________

3. *Scrivi per ogni definizione la parola giusta. Aiutati con le lettere sulla destra, come nell'esempio..*

1. Un cappotto che si usa quando piove: impermeabile — milpierembea
2. Un tessuto pesante e caldo che si usa d'inverno: ____________ — alan
3. Si usa per tenere su i pantaloni: ____________ — nicratu
4. Quando fa freddo ci copriamo le mani con i: ____________ — tugani
5. In occasioni formali molti uomini portano la: ____________ — arcavatt
6. Si mette al collo quando fa freddo: ____________ — arpacis
7. Si usa per metterci dentro delle cose: ____________ — sorba

*4a. Nel puzzle ci sono 16 parole che si riferiscono a capi di abbigliamento. Trovale!*

| | | | | | | | | | | | | | | |
|---|---|---|---|---|---|---|---|---|---|---|---|---|---|---|
| A | R | A | N | Y | E | V | X | L | Z | L | X | P | E | G |
| J | J | K | J | P | O | E | E | J | Q | Z | V | A | D | S |
| A | K | E | R | Q | K | L | K | S | P | N | T | N | N | T |
| M | T | A | C | U | C | I | Q | N | T | T | H | T | A | I |
| U | C | T | F | B | N | B | C | Y | E | I | F | O | T | V |
| S | D | P | A | I | Q | A | O | C | Z | A | T | F | U | A |
| U | W | B | Z | V | P | E | I | W | I | G | D | O | M | L |
| K | R | L | P | P | A | M | C | O | K | G | Z | L | E | I |
| T | A | N | O | G | A | R | E | G | G | I | S | E | N | O |
| C | G | T | D | C | S | E | C | L | I | E | F | E | O | G |
| C | T | M | V | W | B | P | G | I | A | C | C | A | I | J |
| O | Z | Z | G | R | A | M | A | I | G | I | P | U | L | V |
| J | P | P | Z | S | C | I | A | R | P | A | H | S | G | T |
| O | L | L | E | P | P | A | C | H | E | B | C | D | A | J |
| R | T | X | E | B | F | W | L | E | T | D | J | M | M | W |

| | | | |
|---|---|---|---|
| CALZINI | CRAVATTA | MUTANDE | SCARPE |
| CAMICETTA | GIACCA | PANTOFOLE | SCIARPA |
| CAPPELLO | IMPERMEABILE | PIGIAMA | STIVALI |
| CAPPOTTO | MAGLIONE | REGGISENO | VESTITO |

*4b. Metti le parole dell'esercizio 4a nella categoria giusta a seconda della parte del corpo con cui si usano.*

| **tutto il corpo** | **parte superiore** | **parte inferiore** |
|---|---|---|
| | | |

5. *Completa le frasi con le scarpe giuste. Aiutati con i disegni.*

**gli stivali - i mocassini - i tacchi a spillo - le ciabatte da mare - le pantofole - le scarpe con i lacci - le scarpe da ginnastica**

1. Quando vado in palestra uso ______________

2. Quando va a una cena elegante lei usa ______________

3.Quando va a una cena elegante lui usa ______________

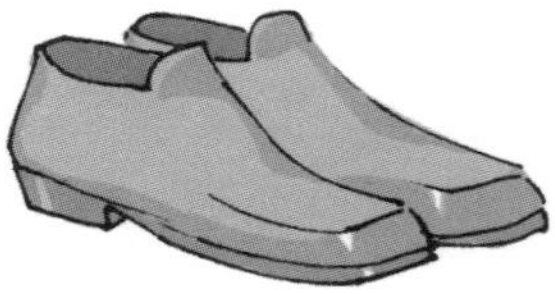

4. Quando mettiamo delle scarpe senza lacci usiamo ______________

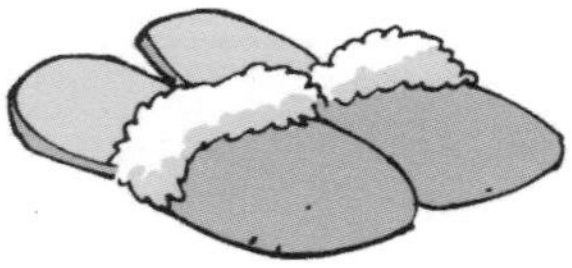

5. Quando sono a casa uso ______________

6. Quando vado al mare uso ______________

7. Quando fa freddo uso ______________

6. *Paese che vai, colori che trovi. Come in molti altri paesi, anche in Italia alcune cose hanno un colore particolare. Fai il cruciverba "L'Italia a colori".*

**ORIZZONTALI ➛**

**1** I colori del Vaticano sono giallo e ...
**6** Il celeste si chiama così perché è il colore del _ _ _ _ O.
**7** Un frutto rosso: _ _ _ GOLA.
**10** I vecchi film non erano a colori ma ... bianco e nero.
**11** La sorella della madre.
**13** Gli artisti di teatro non mettono mai questo colore perché porta sfortuna.
**15** Un negozio orientale.
**17** Si beve con il latte o con il limone.
**18** Io ero, tu eri, lui _ _ A.
**19** Il colore delle macchine di Stato.
**20** Un colore a metà tra bianco e nero.
**23** Una grande città del Brasile: _ _ _ DE JANEIRO.
**24** Di + i.
**26** Si usa per fare delle ipotesi.
**27** Giallo + rosso.
**31** ... mie scarpe sono nere.
**32** Esercito Italiano.
**33** Su + il.
**35** Un colore molto femminile.
**39** Il semaforo può essere verde, giallo o ...
**42** Europa Unita.
**43** Un metallo prezioso di colore giallo.
**44** Prima persona singolare.
**45** Sinonimo di "colore".

**VERTICALI ↓**

**1** Il colore del vestito della sposa: _ _ ANCO.
**2** Il giorno prima di oggi.
**3** A + il.
**4** Il contrario di "scuro".
**5** Pubbliche Relazioni.
**6** "Vi piace?" "Sì, ... piace."
**8** Il colore della maglia della nazionale di calcio italiana.
**9** Il colore del legno.
**12** M _ _ , tua, sua, nostra, vostra, loro.
**13** La bandiera italiana è bianca, rossa e ...
**14** Il femminile di lui.
**15** Brigitte Bardot.
**16** A + il.
**17** TeleGiornale.
**21** Istituto Europeo.
**22** Un libro poliziesco si chiama anche ...
**25** Io ..., tu scii, lui scia.
**26** Il contario di "no".
**28** Il marito della regina.
**29** I colori della maglia della Juventus sono il bianco e il ...
**30** Si dice quando non si è d'accordo.
**34** Il contrario di chiaro: SC _ _ _.
**36** Tra il cinque e il sette!
**37** Mia, tua, ... .
**38** Io ..., tu dai, lui dà.
**40** Si dice prima di sposarsi.
**41** Io ..., tu sai, lui sa.
**42** ExtraTerrestre.

7. *Nella lingua italiana usiamo i colori in molte espressioni idiomatiche. Completa le frasi con i colori della lista. Attenzione al maschile e al femminile!*

**bianca - bianca - gialli - nero - nero - rosa - rosa - rossa - rosso - rosso - verde - verde**

1. Enzo oggi è ____________! È da questa mattina che non gliene va bene una. È davvero arrabbiatissimo!
2. Gigetto ha fatto uno scherzo alla mamma, si è nascosto dietro una porta e le ha fatto paura. La povera donna è diventata ____________ come un lenzuolo!
3. Paola è stata scoperta mentre rubava ai grandi magazzini. Quando lo hanno detto a sua madre è diventata ____________ di vergogna.
4. Laura ha speso troppo ed è andata in ____________ in banca.
5. Roberto è appena tornato dalle vacanze al mare. È ____________ come un peperone. Deve aver passato tutto il tempo in barca.
6. Elena legge molto, i suoi libri preferiti sono i ____________.
7. Ornella è molto ottimista: vede tutto ____________. Fabio invece è tutto il contrario: lui vede tutto ____________.
8. Quando le ho detto che avevo vinto un viaggio alle Maldive è diventata ____________ d'invidia.
9. Nadia non ha mai un soldo, non si capisce perché ma è sempre al ____________.
10. Massimo parte lunedì prossimo per la settimana ____________.
11. Lucia, che è una gran romantica, sta leggendo un romanzo ____________.

8. *Simona e Ranieri vanno a una festa. Metti il numero giusto vicino ai nomi degli accessori.*

a. La borsetta è il n° ____

b. Il cappello è il n° ____

c. Il portachiavi è il n° ____

d. Il portafoglio è il n° ____

e. Il fazzoletto è il n° ____

f. Il braccialetto è il n° ____

g. L'orecchino è il n° ____

h. Gli occhiali sono il n° ____

i. L'ombrello è il n° ____

l. L'orologio è il n° ____

m. Le calze sono il n° ____

n. La cintura è il n° ____

**portachiavi - portafoglio**
Per le *parole composte* vedi pag. 112.

# 6 Istruzione e lavoro

*1a. Leggi i ricordi di Davide, il figlio di Simona, e scegli l'espressione corretta.*

Mamma mia, la scuola! Ricordo ancora con terrore i primi giorni. A 3 anni mi hanno mandato alla scuola ***materna/elementare***, dove i bambini più grandi mi facevano sempre i dispetti! Poi a sei anni sono andato alla scuola ***media/elementare***. Il primo giorno, appena sono entrato ***nella stanza/nell'aula***, ho cominciato a piangere disperato. Volevo tornare a casa! Ma per fortuna avevo delle ***maestre/professoresse*** molto brave e così dopo un po' mi sono abituato.
A undici anni sono passato alla scuola ***media/elementare***. Sono stati gli anni più belli, perché nella mia ***classe/facoltà*** c'erano dei compagni molto simpatici. Ogni anno facevamo una gita scolastica e ci divertivamo molto. Studiare però non mi piaceva e quando tornavo a casa non facevo mai ***i compiti/le ripetizioni***.
A quattordici anni sono passato alla scuola ***media/superiore***. Frequentavo ***il liceo/l'istituto*** classico. I professori erano molto severi, e io non avevo una buona ***lezione/pagella***. Il ***numero/voto*** più basso ce l'avevo in matematica e in fisica. Infatti ho sempre avuto molti problemi nelle ***classi/materie*** scientifiche. Mi ricordo che ogni volta che avevo un'***audizione/interrogazione*** la notte prima non riuscivo a dormire e così arrivavo a scuola stanco e nervoso. Per alcuni anni ho anche preso delle lezioni ***private/pubbliche***, ma senza grandi risultati. In italiano invece ero uno studente molto bravo. Per questo, dopo l'esame di ***maturità/educazione*** ho deciso di iscrivermi alla facoltà di Lettere.

**maturità - facoltà**
Per i *nomi con plurale irregolare* vedi pag. 100.

**professore → professoressa**
Per la *formazione dei nomi* femminili dal maschile vedi pag. 88.

*1b. Ora rileggi il testo dell'esercizio 1a e completa le frasi.*

1. Per completare tutto il ciclo scolastico, uno studente italiano deve frequentare (nell'ordine): la scuola ____________, la scuola ____________, la scuola ____________, la scuola ____________ e l'Università.

2. Gli insegnanti della scuola elementare si chiamano ____________, gli insegnanti della scuola superiore si chiamano ____________.

3. Le stanze della scuola in cui si svolgono le lezioni si chiamano ____________.

4. Un gruppo di studenti che ha gli stessi insegnanti forma una ____________.

5. Matematica, fisica, italiano, storia, geografia sono ____________ scolastiche.

6. L'esame finale della scuola superiore si chiama ____________ di ____________.

*2a. Leggi questo testo.*

Davide ha diciannove anni e si è appena iscritto all'Università. È matricola nella facoltà di Lettere della "Sapienza", l'ateneo più vecchio di Roma. Ha già presentato il piano di studi, anche se ha qualche dubbio e potrebbe cambiarlo l'anno prossimo. Le discipline offerte sono tante e gli esami da sostenere sono venti, quindi c'è molta scelta. La sua disciplina preferita per il momento è Storia della lingua italiana, e Davide ha già deciso che la sua tesi finale sarà su questo argomento. I suoi docenti in generale sono molto preparati e Davide frequenta regolarmente le lezioni, dove ha già fatto molte amicizie. Ha intenzione di fare in fretta perché non vuole diventare uno studente fuori corso e parcheggiare* all'Università. Anche se il giorno della laurea è ancora lontano, Davide sogna di finire presto. Se tutto andrà bene, tra quattro anni sarà "dottore". Chissà se Davide diventerà insegnante come la madre?

****parcheggiare:** in questo caso significa rimanere a lungo in un posto senza fare niente.*

*2b. Ora trova nel testo dell'esercizio 2a le espressioni che si riferiscono alle definizioni. Attenzione: le definizioni non seguono l'ordine di comparizione delle parole.*

| definizione | espressione nel testo |
|---|---|
| 1. Uno studente al primo anno di Università. | |
| 2. Altro nome per "Università". | |
| 3. Uno studente che non finisce l'Università nei tempi giusti. | |
| 4. Materia universitaria. | |
| 5. Programma di studi. | |
| 6. Il lavoro presentato dallo studente alla fine degli studi universitari. | |
| 7. Il diploma che si ottiene alla fine degli studi universitari. | |
| 8. Il nome con cui sono chiamate le persone che hanno finito con successo gli studi universitari. | |
| 9. Professori, insegnanti. | |

*3a. Completa gli annunci di lavoro con la professione corretta.*

**assistente sociale - contabile - grafico - segretaria**

**MEDIARTE PRODUCTIONS**

Video sull'arte

ricerca

------------------------

❍ ottima conoscenza inglese scritto, parlato e dettato
❍ uso computer, internet ed e-mail
❍ sviluppo contatti e telemarketing
❍ presenza e personalità

Telefonare ore ufficio allo 06 32456721

**L'Associazione Italiana Sclerosi Multipla**

*assume*

---------------------------------

requisiti richiesti:
- diploma universitario e iscrizione all'Albo professionale
- buone capacità organizzative e relazionali
- uso del computer
- disponibilità all'aggiornamento continuo

**titoli preferenziali:**
- precedente esperienza
- conoscenza dell'inglese
- conoscenza di Office per Windows

Gli interessati dovranno far pervenire il curriculum con i dati anagrafici e un recapito telefonico entro e non oltre 10 giorni dalla data di pubblicazione di questo annuncio a: **aism@aism.it**

**AGENZIA DI PUBBLICITÀ**
Sede Milano

cerca

-------------------------

- età 24/30
- 2/3 anni di esperienza maturata nel packaging per largo consumo
- perfetta conoscenza dei programmi Illustrator, Photoshop e Freehand

Inviare curriculum vitae a: **Casella postale 675, Milano**

**INTERNET SERVICE PROVIDER**
ricerca

------------------------------

che lavorerà alle dipendenze del Direttore Finanziario e avrà la responsabilità della contabilità generale e fornitori.
È richiesta esperienza significativa in aziende medio-piccole o presso studi professionali. Sede di lavoro Milano.
Inviare dettagliato curriculum a: CORRIERE 681-TH, 20100 Milano

*3b. Ora trova nei testi dell'esercizio 3a le espressioni che si riferiscono alle definizioni. Attenzione: le definizioni non seguono l'ordine di comparizione delle parole.*

| definizione | espressione nel testo |
|---|---|
| 1. Luogo, posto. | |
| 2. Informazioni personali. | |
| 3. Aspetto fisico gradevole. | |
| 4. Mandare. | |
| 5. Numero di telefono. | |
| 6. Importante. | |
| 7. Non più tardi di. | |

4. *Il curriculum vitae è una breve biografia che ti permette di presentarti al meglio quando cerchi lavoro e rappresenta il tuo biglietto da visita. Questo è il curriculum vitae di Luca, fratello di Simona. Completalo con le parole della lista.*

**anagrafici - conoscenza - diploma - disponibilità - informatiche - laurea - professionale - professionali - tesi**

## CURRICULUM VITAE

**DATI ___________**
Luca Martini, nato a Ferrara il 12/3/1974.
Residenza: Padova, Via M. Polo n. 15.
Stato Civile: celibe.

**TITOLO DI STUDIO**
___________ di ragioneria conseguito nell'anno scolastico 1992/93 presso l'Istituto "Mazzini" con il punteggio di 46/60.
___________ in Scienze Politiche conseguita il 16/06/1998 presso l'Università di Padova con il punteggio di 110/110. Titolo della ___________ "Nuove identità culturali e sociali nell'Unione Europea. Una ricerca".

**CORSI DI FORMAZIONE ___________**
Titolo: "Promotore culturale".
Durata: 600 ore.
Periodo: dal settembre 1998 al gennaio 1999.
Ente promotore: Regione Veneto.

**ESPERIENZE ___________**
dal marzo 1999 al giugno 2002: esperienza come promotore culturale presso la Regione Veneto.
dal giugno 2002: addetto relazioni culturali per la Regione Veneto.

**___________ DELLE LINGUE STRANIERE**
Inglese: buono parlato e scritto.
Francese: scolastico.

**CONOSCENZE ___________**
Buona conoscenza dell'uso del P. C. e degli applicativi più diffusi (Word, Excel, ecc.).

**ALTRE INFORMAZIONI**
Organizzatore di manifestazioni cinematografiche con l'associazione culturale "Nuovi orizzonti"; grande interesse per il cinema e il teatro; pratico regolarmente tennis e calcio.

**ASPIRAZIONI PROFESSIONALI**
Vorrei occuparmi dell'organizzazione di eventi culturali in un ambiente più internazionale, come un museo di arte moderna o un'associazione internazionale.

___________
Sono disponibile a lavorare all'estero, a spostarmi in Italia e a specializzarmi.

5. *Dopo aver spedito il curriculum vitae puoi essere convocato per un colloquio di lavoro. Leggi questo articolo su come prepararsi per un colloquio e scegli l'espressione corretta.*

# Colloquio di lavoro: come affrontarlo

- Prima di presentarti al colloquio con il ***capo/datore/docente*** di lavoro, controlla l'ora, la data e il luogo dell'appuntamento.
- Fai in modo di non essere sul posto con un anticipo superiore a mezz'ora; cerca anche di non arrivare ***in tempo/in ritardo/puntuale***.
- Prepara in anticipo i certificati o le ***ricevute/domande/referenze*** richieste. Porta con te anche la lettera di ***arrivo/chiamata/convocazione*** al colloquio.
- Cerca di conoscere le caratteristiche ***dell'ufficio/del posto/del tavolo*** di lavoro che ti interessa.
- Informati sull'azienda in cui vuoi essere ***lavorato/preso/assunto.***
- Ricorda che una delle domande più comuni in un colloquio di lavoro è: "Mi parli di ***te/Lei/me***". Preparati un discorsetto.
- Non fare domande ***sullo stipendio/sul diploma/sul lavoro.***
- Soprattutto, cerca di essere te stesso.
- Sii rilassato.

**discorsetto**
Per le *parole alterate* vedi pag. 108.

proverbi e modi di dire: **Chi non lavora non mangia**
significato: *se non lavori non guadagni abbastanza per vivere*

6. *Oggi si lavora molto con la tecnologia. Tu quanto sei tecnologico/a?*
*Fai il test e scopri se sei all'avanguardia nel campo delle nuove tecnologie. Aiutati con il dizionario.*

| n° | | A | B |
|---|---|---|---|
| 1 | Preferisco vedere un film... | al cinema | in video |
| 2 | In casa ho la segreteria telefonica | sì | no |
| 3 | Navigo* spesso su Internet | sì | no |
| 4 | Uso spesso il videoregistratore per registrare i programmi televisivi | sì | no |
| 5 | Preferisco ... | ascoltare la radio | guardare la TV |
| 6 | Se devo passare molto tempo in autobus o in treno ... | leggo qualcosa | uso il walkman |
| 7 | Sarebbe molto difficile vivere senza il telefono cellulare | vero | falso |
| 8 | Ho già (o vorrei comprare) un lettore DVD | sì | no |
| 9 | Per comunicare con persone lontane... | scrivo lettere | uso il telefono |
| 10 | Invio e ricevo spesso fax | sì | no |
| 11 | Trovo gli sms* molto utili | sì | no |
| 12 | Ho già (o vorrei comprare) una parabola per il satellite per vedere più canali televisivi | sì | no |
| 13 | La TV digitale mi interessa molto | sì | no |
| 14 | La realtà virtuale mi diverte molto | sì | no |
| 15 | Trovo il palmare* molto utile | sì | no |
| 16 | Prendo molto materiale da Internet | sì | no |
| 17 | Ho un indirizzo di e-mail | sì | no |

***navigo (navigare):*** *cercare informazioni o curiosare su Internet.*
***sms:*** *messaggi mandati sui cellulari.*
***palmare:*** *piccolo computer che si può tenere nel palmo di una mano.*

*Ora controlla a quanti punti corrisponde ogni risposta che hai dato e scoprirai se sei un "homo tecnologicus".*

| | punti | |
|---|---|---|
| n° | A | B |
| 1 | 1 | 2 |
| 2 | 2 | 1 |
| 3 | 2 | 1 |
| 4 | 2 | 1 |
| 5 | 1 | 2 |
| 6 | 1 | 2 |
| 7 | 2 | 1 |
| 8 | 2 | 1 |
| 9 | 1 | 2 |
| 10 | 2 | 1 |
| 11 | 2 | 1 |
| 12 | 2 | 1 |
| 13 | 2 | 1 |
| 14 | 2 | 1 |
| 15 | 2 | 1 |
| 16 | 2 | 1 |
| 17 | 2 | 1 |

**risultati**

**Da 17 a 21 punti**
Non sei molto interessato alle ultime tecnologie. Ti piace leggere e scrivere e questa grande eccitazione per i computer ti lascia indifferente.

**Da 22 a 30 punti**
Molto equilibrato. Usi le tecnologie che ti servono ma non esageri. Ti piace la tranquillità di un buon libro o un buon cinema ma trovi che le nuove comunicazioni possono essere molto utili.

**Da 31 a 34 punti**
Sei un fan di tutto quello che è nuovo. Navigare in rete e viaggiare nel mondo virtuale sono i tuoi passatempi preferiti. Le nuove tecnologie ti affascinano ma stai attento a non perdere il contatto con la realtà.

7. *Simona deve imparare a usare il computer. Perché non la aiuti a ricordare i nomi delle varie parti del computer e degli altri oggetti che ha nello studio?*

**schermo - tastiera - dischetto - DVD - stampante - CD-ROM - mouse - fax - scanner - microfono - disco rigido - pulsante - tappetino del mouse - altoparlanti**

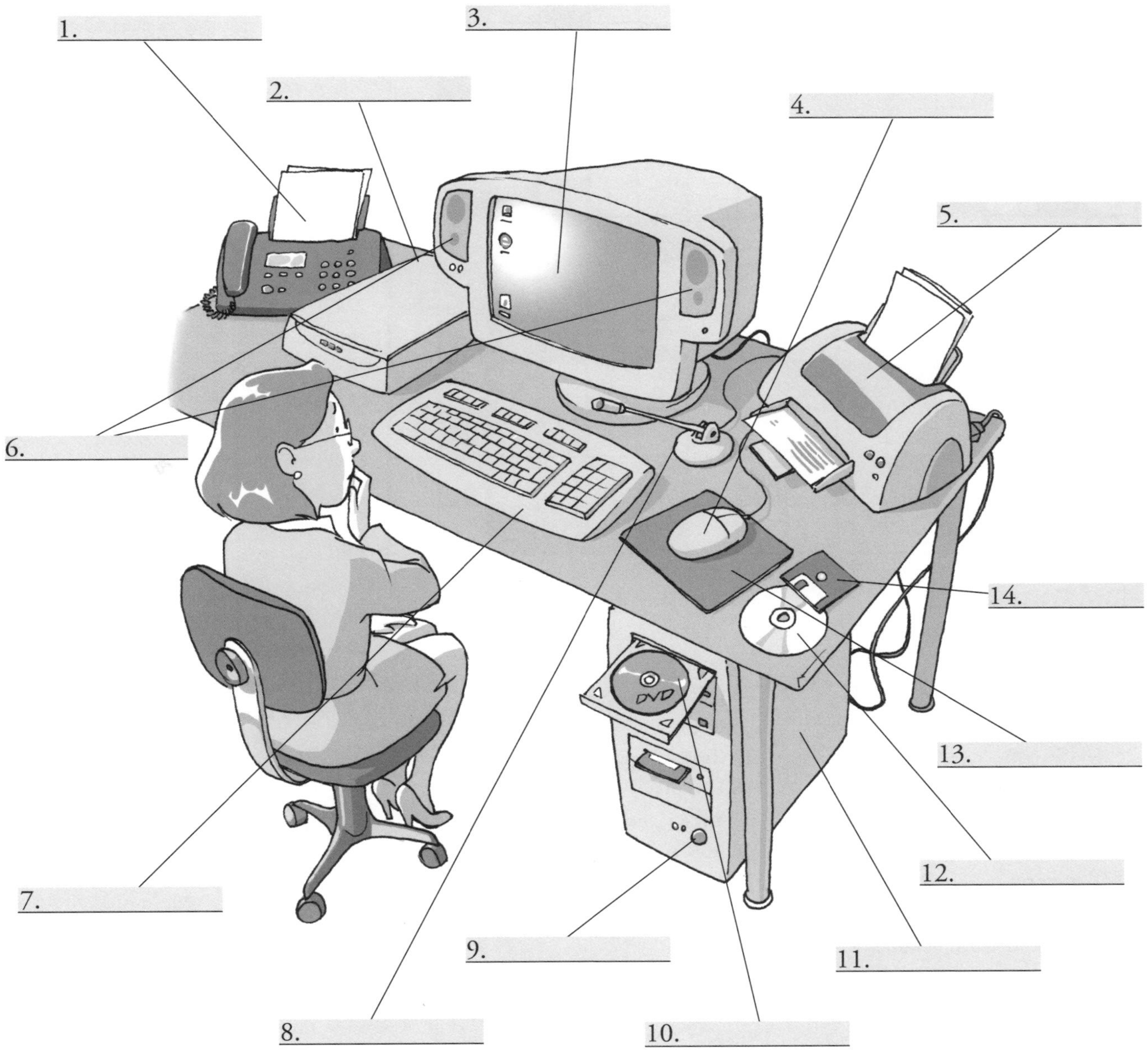


**tappetino**
Per le *parole alterate* vedi pag. 108.

**mouse - scanner**
Per le *parole straniere* vedi pag. 116.

8. *Sicuramente conosci molte parole italiane che indicano professioni e lavori. Fai il cruciverba.*

**ORIZZONTALI** ➛

**2** Lavora in ufficio, come assistente.
**10** Pubblico Ministero.
**12** Il plurale di "uso".
**14** Lo stipendio si prende alla fine del ...
**15** Lavora a teatro.
**17** L'insegnante lavora a _ _ UOLA.
**19** Un poliziotto militare.
**22** Io compro, tu compri, lui COM _ _ _ .
**23** Si occupa della contabilità di un'azienda.
**25** Lavora a scuola ma non è un insegnante: BIDE _ _ _ .
**26** Le vocali di "Roma".
**27** La televisione pubblica italiana.
**28** Insegna ai bambini alla scuola elementare.
**30** Il gommista lavora con la ...
**31** Marco fa ... lavoro molto interessante.
**32** L'uomo che pulisce la strada si chiama: SPAZZ _ _ _ .
**33** Ripara i tubi del bagno.
**36** Un "prete" donna.
**37** Yuko viene ... Tokyo.
**38** Abbreviazione di "vostro".
**39** Io, ..., lui, lei, noi, voi, loro.
**40** Lavora in ospedale: INFER _ _ _ _ _ .
**42** Vende i fiori.
**44** Una persona senza un lavoro è _ _ _ OCCUPATA.
**46** Mio fratello è ... insegnante.
**47** Sophia Loren è un'AT_ _ _ _ _ .
**49** Lavora in chiesa.
**50** La casalinga lavora ... casa.

**VERTICALI** ↓

**1** Il contrario di "giù".
**2** Il contrario di "no".
**3** Gianni Morandi.
**4** Dirige film.
**5** Abbreviazione di "esempio."
**6** La relazione scritta presentata dallo studente universitario alla fine degli studi.
**7** Una donna che lavora al ristorante: CAMERIE _ _ .
**8** Istituto Turistico.
**9** Lavora in ufficio: IMPIEG _ _ _ .
**10** Si occupa di Pubbliche Relazioni.
**11** Lavora con le macchine.
**13** Il femminile di "dottore": DOTTORE _ _ _.
**16** Vende le sigarette: TABAC _ _ _ _ .
**18** Un uomo non sposato.
**19** Persone che lavorano nello stesso ufficio.
**20** Ripara i guasti elettrici.
**21** Lavora in fabbrica.
**23** Lavora in un negozio.
**24** Il suo lavoro è firmare certificati e documenti.
**28** Costruisce le case.
**29** Periodo di sette giorni: SETTIM _ _ _.
**34** Lavora in drogheria: _ _ OGHIERE.
**35** Leonardo è ... artista del Rinascimento.
**37** Io do, tu dai, lui ...
**38** Lo vende il vinaio.
**40** Io ... alzo, tu ti alzi, lui si alza.
**41** Il plurale di "operaio": OPE _ _ _ .
**42** Il passato remoto del verbo "essere": io fui, tu fosti, lui ...
**43** In un Paese monarchico è l'uomo più importante.
**44** Tra "uno" e "tre".
**45** Vende la benzina: _ _ _ ZINAIO.
**48** "Vi piace?" "Sì, ... piace."

# Tecniche di riconoscimento

- Se non conosci una parola, prima di ricorrere al dizionario osserva insieme a quali altre parole si trova; spesso il contesto può aiutarti a capirne il significato. Per esempio se nella frase "pioveva molto forte e io, che non avevo l'ombrello, mi sono bagnato tutto!" non conosci la parola "bagnato", sicuramente il significato della frase può aiutarti.

- Alcune parole lunghe ne contengono una più corta che probabilmente conosci. Per esempio, il verbo "allungare" contiene l'aggettivo "lungo", l'aggettivo "affamato" contiene il nome "fame" e così via. Analizza quindi sempre la parola derivata per individuare la parola base.

- Alcune parole non hanno una traduzione diretta in tutte le lingue, ma esprimono concetti più ampi o più limitati. La frase tipica italiana "fare una brutta figura", ad esempio, non è di semplice traduzione. In questo caso basta capirne il significato generale.

- In tutte le lingue esistono dei falsi amici, cioè parole che sono simili nella forma, ma diverse nel significato. Fai molta attenzione quindi!

# 7 Il tempo

1. *Completa con le parole della lista il tema sui dodici mesi dell'anno scritto da un bambino della scuola elementare.*

**autunnali - caldissimo - caldo - carnevale - estivi - freddo - fresco - invernali - la primavera - l'estate - mesi - natale**

PARLA DEI DODICI MESI DELL'ANNO

I dodici ______________ dell'anno sono: Gennaio, Febbraio, Marzo, Aprile, Maggio, Giugno, Luglio, Agosto, Settembre, Ottobre, Novembre e Dicembre. Gennaio, Febbraio, Marzo (ma non tutto) e Dicembre, sono mesi ______________; Marzo (ma non tutto), Aprile, Maggio e Giugno (ma non tutto) sono mesi primaverili; Giugno (ma non tutto), Luglio, Agosto e Settembre sono mesi ______________; Settembre (ma non tutto), Ottobre, Novembre e Dicembre (ma non tutto) sono mesi ______________.
Gennaio è il mese che preferisco, perché oltre che viene la befana, viene anche il mio nome e il mio compleanno; Febbraio lo preferisco perché viene ______________; Marzo lo preferisco perché viene ______________; Aprile lo preferisco perché viene Pasqua; Maggio, niente; Giugno lo preferisco perché viene ______________; Luglio lo preferisco perché vado in villeggiatura; Agosto, niente; Settembre lo preferisco perché incomincia il campionato di calcio; Dicembre lo preferisco perché viene ______________.
A Gennaio fa ______________, a Febbraio fa freddo, a Marzo è pazzo*, a Aprile fa caldo, a Maggio ______________, a Giugno caldo, a Luglio ______________, a Agosto caldissimo, a Settembre ______________, a Ottobre fresco, a Novembre fresco, a Dicembre freddo.
Vorrei dire tante altre cose sui mesi, ma più di cuesto* non so.

*(Marcello D'Orta, Io speriamo che me la cavo, Milano, Mondadori 1990)*

* ***A Marzo è pazzo:*** *errore.*
*La frase corretta è: Marzo è pazzo.*
* ***cuesto:*** *errore.*
*L'ortografia corretta è: questo.*

**invernale - estivo**
Per la *formazione degli aggettivi* vedi pag. 96.

**gennaio - febbraio - ecc.**
I nomi dei mesi si dovrebbero scrivere con la lettera iniziale minuscola (piccola): gennaio, febbraio, ecc.
**Befana - Carnevale - Natale**
"befana", "carnevale" e "natale" si dovrebbe scrivere con la lettera iniziale maiuscola (grande) perché indicano una festività: Befana, Carnevale, Natale.

2. *In Italia abbiamo dei giorni festivi che tutti celebriamo. I nomi di queste feste sono scritti con le lettere in disordine. Li riconosci? Scrivili nel modo giusto, come nell'esempio.*

1. L'anno comincia il primo gennaio, nessuno lavora dopo una notte di festa. È il primo giorno dell'anno e si chiama ONCAPANDO. ( **CAPODANNO** )

2. Il 6 gennaio è ancora festa e tutti i bambini sanno che durante la notte arriverà una vecchina a portare loro forse dei giocattoli e, sicuramente, una calza piena di dolci. Il nome della vecchina è la Befana e il nome di questo giorno è APIENIFA. ( ________ )

3. In febbraio c'è un lungo periodo di festa, con maschere e grandi feste in molte città italiane. Si chiama RENAVELCA. ( ________ )

4. L'8 marzo c'è una festa, non una festa nazionale, ma amata da tutte le donne: la festa della NONDA. ( ________ )

5. In primavera celebriamo una festa religiosa in cui si mangiano tantissime uova di cioccolato, la QUASPA. Il giorno dopo questa festa molti vanno in campagna con la famiglia a fare il primo pic-nic della stagione. ( ________ )

6. La primavera è cominciata, ormai gli italiani si godono il bel tempo e aspettano la prossima festa, il 25 aprile, la festa della BRIELONEZIA dell'Italia. ( ________ )

7. Anche il primo maggio è una festa politica e viene celebrata da tutti, nessuno va al lavoro perché è la festa dei RALOVAOTRI. ( ________ )

8. Ormai l'estate è avanzata e il 15 agosto, per la festa religiosa dell'Assunzione, abbiamo una festa importantissima: STRAFOGERO. ( ________ )

9. La prossima grande festa è un'importante festa cristiana che piace a tutti i bambini, che si aspettano molti regali. È il LANTEA. ( ________ )

proverbi e modi di dire: **Chi ha tempo non aspetti tempo**
significato: *se hai tempo di fare una cosa, falla subito*

3. *Completa le frasi con le espressioni della lista.*

**all'alba - avanti - da mattina a sera - in anticipo - in ritardo - indietro - in punto - tardi**

1. Oddio! Ho perso il treno per colpa della sveglia: andava ____________
2. Non sono mai pronta quando Aldo viene a prendermi, arriva sempre ____________
3. Da quando lavoro fuori città devo alzarmi prestissimo, ____________
4. Ho un gran mal di testa. Lavorare ____________ davanti al computer mi stanca gli occhi.
5. Luca è sempre ____________. Oggi ha dato la colpa al traffico.
6. Sono solo le 3? Il mio orologio fa le 3.35, evidentemente va ____________
7. Lo spettacolo comincia alle 9.00 ____________
8. Sono le 23.00: è troppo ____________ per mangiare.

4. *Leggi che ore sono e disegna in ogni orologio le lancette al posto giusto, come nell'esempio.*

1. Manca un quarto alle tre.

2. Sono le cinque meno cinque.

3. Sono le undici e venticinque.

4. È mezzanotte e cinque.

5. È l'una in punto.

*5. Collega le espressioni di sinistra con il significato corretto, come nell'esempio.*

| espressione | significato |
|---|---|
| **1. secondo** → e | a. sette giorni |
| 2. minuto | b. dieci giorni |
| 3. ora | c. dodici mesi |
| 4. giorno | d. trenta giorni |
| 5. settimana | **e. frazione di un minuto** |
| 6. mese | f. sessanta minuti |
| 7. anno | g. sessanta secondi |
| 8. decennio | h. cento anni |
| 9. decade | i. due anni |
| 10. secolo | l. ventiquattro ore |
| 11. trimestre | m. dieci anni |
| 12. millennio | n. cinque anni |
| 13. biennio | o. autunno, inverno, primavera, estate |
| 14. stagione | p. mille anni |
| 15. lustro | q. tre mesi |

*6. Abbiamo visto che dal sostantivo "autunno" deriva l'aggettivo "autunn-ale", dal sostantivo "estate" l'aggettivo "est-ivo" e così via. Usando i suffissi* ***-ano, -ino, -ale, -ile, -urno, -ario****, forma gli aggettivi che derivano dai seguenti sostantivi. Ricordati che in molti casi non è sufficiente aggiungere il suffisso, ma bisogna fare anche altri cambiamenti.*

| sostantivi | aggettivi |
|---|---|
| 1. mattino | MATTUT _ _ _ |
| 2. pomeriggio | P _ _ _ _ ID _ _ _ _ |
| 3. sera | _ _ _ _ _ _ |
| 4. notte | NOTT _ _ _ _ |
| 5. anno | _ _ _ _ _ _ _ |
| 6. settimana | _ _ _ _ _ _ _ _ _ _ _ _ |
| 7. mese | MENS _ _ _ |
| 8. tempo | _ _ _ _ _ _ _ _ _ |
| 9. stagione | _ _ _ _ _ _ _ _ _ _ _ |
| 10. ora | _ _ _ _ _ _ |

**mattutino - mensile**
Per la *formazione degli aggettivi* vedi pag. 96.

# 8 La casa



1. *Questi sono diversi tipi di abitazione che puoi trovare in Italia. Li conosci? Sai come si chiamano? Scrivi sotto ogni disegno il nome giusto.*

**appartamento - attico - mansarda - monolocale - palazzo - seminterrato - villa - villetta a schiera**

1. ____________

2. ____________

3. ____________

4. ____________

5. ____________

6. ____________

7. ____________

8. ____________

2. *Guarda la piantina dell'appartamento di Simona. Poi scrivi per ogni mobile o oggetto il numero corretto.*

**Bagno**
n°__: asciugacapelli
n°__: bidet
n°__: doccia
n°__: lavandino
n°__: rubinetto
n°__: vasca

**Cucina**
n°__: fornello
n°__: forno
n°__: frigorifero
n°__: lavastoviglie
n°__: lavello
n°__: posate
n°__: rubinetto

**Camera**
n°__: armadio
n°__: comodino
n°__: coperta
n°__: lampada
n°__: letto

**Studio**
n°__: cestino
n°__: computer
n°__: libreria
n°__: portapenne
n°__: scrivania

**Sala**
n°__: divano
n°__: pianta
n°__: poltrona
n°__: tavolo
n°__: videoregistratore

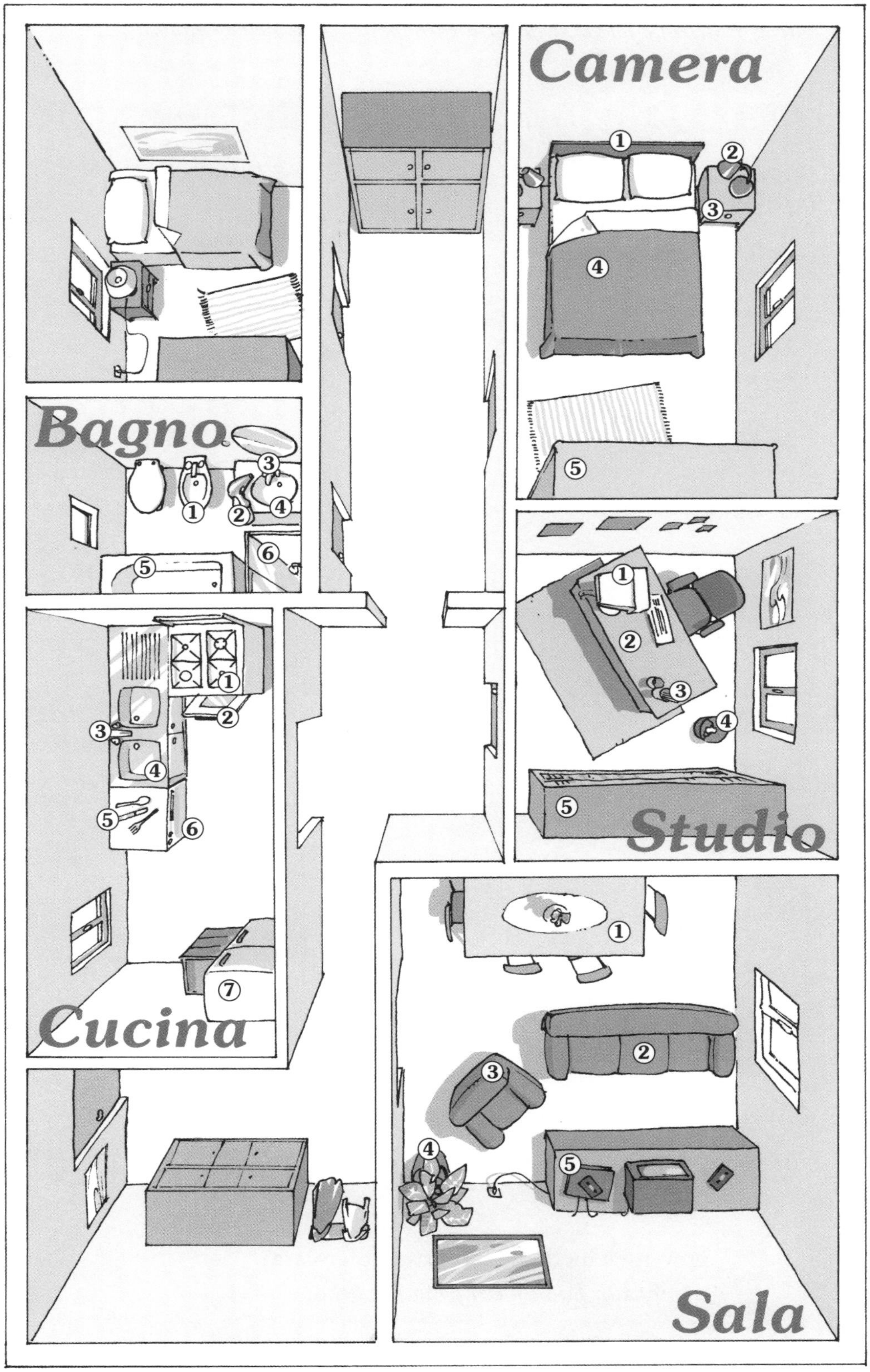


**lavastoviglie - asciugacapelli**
Per le *parole composte* vedi pag. 112.

3. *Nell'esercizio 2 hai visto che alcune parole italiane sono formate da due parole unite insieme (parole composte): lavastoviglie, asciugacapelli, portapenne, videoregistratore. Collega le parole di sinistra con quelle di destra e forma delle parole composte, come nell'esempio.*

| | |
|---|---|
| **1. attacca** → | **d. panni** |
| 2. apri | b. patate |
| 3. cava | c. polvere |
| 4. sbuccia | a. scatole |
| 5. tosta | e. letto |
| 6. aspira | f. tappi |
| 7. accendi | g. pasta |
| 8. porta | h. pane |
| 9. asciuga | i. vite |
| 10. copri | l. gas |
| 11. caccia | m. chiavi |
| 12. scola | n. bagno |
| 13. scalda | o. mano |

proverbi e modi di dire: **Casa dolce casa**
significato: *La casa è il posto più bello*

4. *Per cercare casa devi leggere gli annunci immobiliari. Eccone alcuni.*

**Affittasi** appartamento salone cucina 2 camere bagno balconi box **€ 2400.**

**Appartamento** ampia metratura salone cucina abitabile 3 camere doppi servizi balconi cantina posto auto e giardino condominiale.

**Vendesi appartamento** a due passi dal centro, ottimo stato, 3 locali + doppi servizi 3 balconi cantina e box. Giardino condominiale.

**Parco Azzurro** - in complesso residenziale prestigiosa porzione di villa bifamiliare in costruzione. Affittasi appartamento salone doppio due camere cameretta doppi servizi due ripostigli balconi arredato.

**Vendesi villetta** a schiera nuova. 4 camere doppi servizi ampio terrazzo con giardino e orto di proprietà. Cantina e box grande.

**Affittasi prestigioso** attico nuovo su due livelli composto da: ingresso salone con camino studio cucina camera matrimoniale bagno padronale; al piano mansarda ampio locale con camera e bagno dotato di idromassaggio. Terrazzo box triplo e cantina. Climatizzazione dei locali.

*Ora trova per ogni significato le parole o espressioni corrispondenti nei testi degli annunci.*

| parola o espressione nei testi | significato |
|---|---|
| **1** | piccola camera |
| **2** | due bagni |
| **3** | camere |
| **4** | buone condizioni |
| **5** | aria condizionata |
| **6** | grande |
| **7** | in comune |
| **8** | non ancora pronta |
| **9** | molto vicino a |
| **10** | principale |

**affittasi - vendesi**
*Le forme "affittasi" e "vendesi", tipiche degli annunci immobiliari, significano "si affitta" e "si vende".*

8 La casa

5. *Le azioni legate al vivere e mantenere una casa sono molte. Completa i verbi che trovi in ogni frase.*

1. Se hai abbastanza soldi una casa la puoi _ _ M _ RARE.

2. Se invece non hai i soldi per comprarla, puoi sempre andare in banca e CH _ _ DERE UN _ U _ U _.

3. Se non vuoi farlo, allora apri il giornale, guardi gli annunci immobiliari e cerchi una casa da PRENDERE IN A _ _ I _ _ O.

4. Quando finalmente hai trovato una casa o un appartamento che ti piace, e vuoi andare a vivere lì pensi a organizzare il TRAS _ _ _ O.

5. Eccoti finalmente nella tua nuova casa! Sei felicissimo! Però il colore delle pareti non ti piace, se vuoi cambiarlo devi IM _ _ _ _ _ ARE.

6. Ora devi pensare ai mobili, ai quadri, ai fiori... insomma, devi A _ _ _ D _ RE la tua nuova casa.

7. Quando finalmente tutto è pronto puoi rilassarti. Ma la casa deve essere tenuta pulita. E allora, se non puoi permetterti una colf, devi pensare tu a FARE LE P _ L _ ZIE.

8. Ogni tanto devi togliere la polvere: _ _ OL _ ERARE.

9. Per pulire il pavimento devi PASSARE L'ASPIRAP _ _ _ _ _ _.

10. Per lavare il pavimento devi P _ _ _ A _ E LO STRACCIO.

11. Se hai paura dei furti, dovresti installare un A _ _ A _ _ E.

12. Se hai la macchina, cerca una casa con _ AR _ _ E.

13. Se sei fortunato, troverai una casa con una S _ F _ _T _ A dove tenere tutte le cose che non usi e con una _ _ NT _ _ A dove tenere il vino.

**colf**
*La parola colf viene da "collaboratrice familiare" e indica una persona che come professione esegue i lavori domestici in casa d'altri.*

6. *In italiano ci sono molte espressioni o parole che si riferiscono a parti della casa o a mobili. Le conosci? Associa ogni espressione o parola al suo significato, come nell'esempio.*

| espressione o parola | significato |
|---|---|
| **1. Dario è davvero un poltrone!** *(poltrone)* | a. Parlare con qualcuno che non ascolta. |
| 2. Il povero Roberto è rimasto senzatetto. *(senzatetto)* | b. Avere un brutto segreto da nascondere. |
| 3. Franca e Lucio hanno avuto una discussione e Lucio è stato messo al tappeto. *(mettere al tappeto)* | **c. Persona molto pigra.** |
| 4. Secondo me Anna ha uno scheletro nell'armadio. *(avere uno scheletro nell'armadio)* | d. Spendere troppo e in modo insensato. |
| 5. Sin da bambina il mio sogno nel cassetto è stato di diventare una ballerina. *(sogno nel cassetto)* | e. Senza una casa. |
| 6. È inutile provare a spiegargli! Giorgio è duro come un muro. *(essere duro come un muro)* | f. Mettere K.O. |
| 7. Parlare con Sonia è come parlare al muro. *(parlare al muro)* | g. Calmo, piatto. |
| 8. Sto leggendo un libro che è veramente un mattone. *(un mattone)* | h. Avere molte difficoltà a capire e imparare. |
| 9. Paolo non fa altro che buttare soldi dalla finestra. *(buttare soldi dalla finestra)* | i. Grande desiderio. |
| 10. Oggi il mare è proprio una tavola. Faccio subito un bagno. *(una tavola)* | l. Molto noioso. |

# 9 Mangiare e bere

*1a. Completa il testo con le parole della lista.*

**cena - cenetta intima - contorno - cucinare - dessert - gli antipasti - goloso - primo - ricette afrodisiache - secondo - tagliare**

Ti ricordi di Simona, l'insegnante di italiano che vive a Roma con Davide, suo figlio?

È giovedì e Simona è un po' nervosa: domani sera avrà a ____________ Ranieri, il padre di un amico di Davide, che conosce da qualche anno, e che vorrebbe "conoscere meglio". Ranieri è davvero un bell'uomo, intelligente, interessante, divorziato... perfetto insomma! Simona vuole organizzare una ____________, in un'atmosfera rilassante, per questo ha preparato tutto quello che ci vuole in queste occasioni: le candele, la musica, il vestito, e ha deciso di ____________ qualcosa di speciale. Ranieri è un amante della buona cucina, ci vuole qualcosa di buono ma non troppo complicato. Simona non vuole passare tutto il giorno a sbucciare, ____________, soffriggere e friggere! Lucia, un'amica, le ha prestato un libro perfetto per questa situazione: *La cucina dell'amore*, un libro di ____________, semplici e gustose.

Si comincia con ____________, dai "Bocconcini amorosi di salmone" ai "Cuori di sedano e caviale" da servire con dell'ottimo prosecco di Valdobbiadene. E per ____________? "Cuori di polenta"? O "Maccheroni Casanova"? Forse i maccheroni sono più semplici, se si prepara la salsa in tempo.

Per ____________ Simona è indecisa fra aragosta, insalata degli innamorati e frittata alle erbe. L'aragosta non è difficile da cucinare, si deve solo bollire. Per ____________ ha pensato di preparare degli "Asparagi alla Cupido", e per ____________ un gelato allo champagne o una mousse di cioccolato. Naturalmente il tutto accompagnato da ottimi vini e seguito da un buon caffè. Ranieri è un ____________, non resisterà di sicuro, con una cena del genere potrà solo cadere ai suoi piedi! Non dimenticate un famoso detto italiano: l'uomo si prende per la gola!

*1b. Nel testo dell'esercizio 1a ci sono molte espressioni relative alla cucina e al mangiare. Sai cosa significano? Collega le espressioni di sinistra con il significato corretto, come nell'esempio.*

| n. riga | espressione | significato |
|---|---|---|
| 5 | **a. cenetta intima** → 5 | 1. istruzioni per cucinare un piatto |
| 8 | b. sbucciare | 2. i piatti che si mangiano come introduzione |
| 9 | c. soffriggere | 3. cuocere con acqua a 90° |
| 9 | d. friggere | 4. togliere la buccia (la pelle) a frutta e verdura |
| 10 | e. ricette | **5. cena romantica per due persone** |
| 11 | f. antipasti | 6. quello che si mangia insieme al secondo (di solito verdura) |
| 16 | g. bollire | 7. persona che ama molto mangiare |
| 16 | h. contorno | 8. cuocere con poco olio abbastanza caldo |
| 19 | i. goloso | 9. cuocere con molto olio molto caldo |

2. *Nel testo dell'esercizio 1a si parla di antipasti, primi, secondi, contorni e dessert. In questa lista ci sono anche altri piatti italiani. Li conosci? Mettili al posto giusto nella tabella.*

**affettati misti - aragosta - asparagi - bistecca - bruschetta - cannelloni - cicoria - cotoletta - crostini - fegato - frutta di stagione - gelato - gnocchi - involtini - lasagne - maccheroni - macedonia - melanzane - minestra - panna cotta - patate - peperonata - pesce - polenta - pollo - prosciutto e melone - spaghetti - spinaci - tacchino - tiramisù - torta della nonna - tortellini - zuppa**

| antipasti | primi | secondi | contorni | dessert |
|---|---|---|---|---|
| | | | | |

proverbi e modi di dire: **Ne uccide più la gola che la spada**
significato: *la golosità eccessiva è più pericolosa di un'arma*

3. *Nel testo dell'esercizio 1a si parla di sbucciare, tagliare, soffriggere, friggere, bollire. Questi verbi descrivono modi diversi di trattare il cibo o di cucinare. Ne conosci altri? Leggi la ricetta e scrivi il verbo corretto per ogni disegno.*

## Melanzane alla parmigiana

**Ingredienti:**
4 melanzane tonde
100 gr di parmigiano
250 gr di mozzarella
sugo di pomodoro
farina 00
prezzemolo
sale, pepe e olio extra-vergine q.b. (quanto basta)

**affettare - friggere - grattugiare - infarinare - salare**

1.____________ le melanzane,

2.______________ e lasciare a riposo per circa un'ora; dopo averle asciugate

3.______________ e

4.______________ le melanzane in abbondante olio bollente. Scaldare il sugo in una pirofila, mettere uno strato di melanzane e, alternativamente, uno di fette di mozzarella e

5.______________ sopra il parmigiano. Finire con uno strato di melanzane condito con abbondante sugo e parmigiano. Mettere in forno già caldo a 180° per 40 minuti.

4. *Qui sotto hai altre parole relative alla cucina. Mettile nella categoria giusta!*

**~~aggiungere~~ - ~~barattolo~~ - bicchiere - ~~bollire~~ - bottiglia - bustina - condire - ~~ciuffo~~ - etto - goccio - grammo - litro - mescolare - pacco - pelare - pezzo - pizzico - rosolare - salare - sbucciare - scatoletta - soffriggere - spicchio - tagliare - tostare - tritare - tubetto**

| modi di preparare il cibo | modi di cuocere il cibo | contenitori | quantità |
|---|---|---|---|
| aggiungere | bollire | barattolo | ciuffo |

5. *Collega ogni aggettivo al suo contrario, come nell'esempio.*

| aggettivo | contrario |
|---|---|
| **1. saporito** → | **d. insipido** |

| aggettivo | contrario |
|---|---|
| **1. saporito** | a. crudo |
| 2. cotto | b. cattivo |
| 3. acerbo | c. pesante |
| 4. caldo | **d. insipido** |
| 5. buono | e. industriale |
| 6. fresco | f. maturo |
| 7. leggero | g. amaro |
| 8. dolce | h. freddo |
| 9. casereccio | i. surgelato |

6. *Scegli per ogni alimento gli aggettivi corretti.*

1. L'acqua può essere:
frizzante ❑ piccante ❑ naturale ❑ liscia ❑ matura ❑

2. Il caffè può essere:
zuccherato ❑ aspro ❑ amaro ❑ scotto ❑ ristretto ❑

3. Il formaggio può essere:
fresco ❑ rancido ❑ aspro ❑ piccante ❑ stagionato ❑

4. Il latte può essere:
acido ❑ scremato ❑ fresco ❑ intero ❑ acerbo ❑

5. Il limone può essere:
aspro ❑ marcio ❑ amaro ❑ acerbo ❑ maturo ❑

6. La mela può essere:
marcia ❑ acerba ❑ piccante ❑ matura ❑ rancida ❑

7. Il pane può essere:
scotto ❑ fresco ❑ raffermo ❑ acido ❑ marcio ❑

8. La pasta può essere:
amara ❑ scotta ❑ al dente ❑ aspra ❑ matura ❑

7. *I luoghi in cui mangiare e bere. Collega ogni locale con la definizione corretta.*

| **locale** | **definizione** |
|---|---|
| 1. bar | a. locale dove si va a mangiare, ci si siede ad un tavolo e si ordina ad un cameriere. Il prezzo può variare a seconda del tipo. |
| 2. birreria | b. locale simile ad un bar, in cui si può anche mangiare un piatto caldo. Di solito economico. |
| 3. ristorante | c. locale in cui si mangia quando si ha poco tempo. La sua specialità sono gli hamburger. |
| 4. trattoria | d. luogo in cui si va a bere birra. |
| 5. paninoteca | e. ristorante a gestione familiare, di solito molto economico. |
| 6. tavola calda | f. locale dove si fa colazione o si beve qualcosa. |
| 7. pizzeria | g. locale in cui si beve e si assaggia il vino, spesso con la possibilità di mangiare qualcosa. |
| 8. enoteca | h. un tipo di ristorante a buon mercato, in cui originariamente gli uomini andavano a bere vino. |
| 9. gelateria | i. locale in cui si mangia principalmente pizza. |
| 10. fast food | l. locale in cui si mangiano principalmente panini. |
| 11. osteria | m. locale in cui si mangia gelato. |

**birreria - paninoteca**
Per la *formazione dei nomi* vedi pag. 84.

8. *Completa la ricetta delle lasagne alla ferrarese con le parole della lista.*

| Per il ragù | Per farcire | Esecuzione |
|---|---|---|
| carne - olio - pepe - prosciutto - vino | besciamella - parmigiano | cipolla - forno - fuoco - pomodoro - ragù - vino |

## Lasagne alla ferrarese

**Ingredienti:** un pacco di lasagne verdi (agli spinaci).

**Per il ragù:** 100 gr di ________________ di manzo macinata; 100 gr di ________________ crudo; 2 cucchiai di __________ di semi; 1 cucchiaio di concentrato di pomodoro; mezza cipolla; 1 costa di sedano; mezzo bicchiere di _______________ bianco secco; 4 dl di brodo vegetale; 1 carota; sale e _______________.

**Per farcire:** 60 gr di _____________________ reggiano grattugiato; mezzo litro di salsa _________.

**Esecuzione:** mettere la ________________, la carota e il sedano affettati in una casseruola con l'olio e il prosciutto tritato; far soffriggere a _______________ moderato, unire la carne macinata e lasciarla rosolare, mescolando e bagnando di tanto in tanto con il ________________. Versare poi il concentrato di _______________, sciolto in un po' di brodo. Unire il resto del brodo, mescolare e lasciar bollire per circa un'ora, aggiungendo altro brodo se necessario.
Ungere la pirofila, sistemare sul fondo uno strato di lasagne, cospargerlo con uno strato di ______________, quindi disporne un altro e ricoprirlo con uno strato di besciamella e di parmigiano. Continuare fino ad esaurimento degli ingredienti. Sull'ultimo foglio di pasta disporre la besciamella e dare una spolverata di parmigiano.
Mettere la pirofila in _______________ caldo a 200º e far cuocere per 20/25 minuti: deve formarsi una crosticina dorata.

*9. Completa le frasi con le bevande e i cibi illustrati nei disegni, come nell'esempio.*

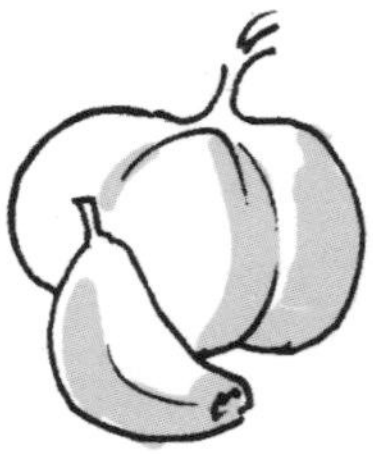
aglio

pane

cioccolata

coca cola

vino

pasta

formaggio

tonno

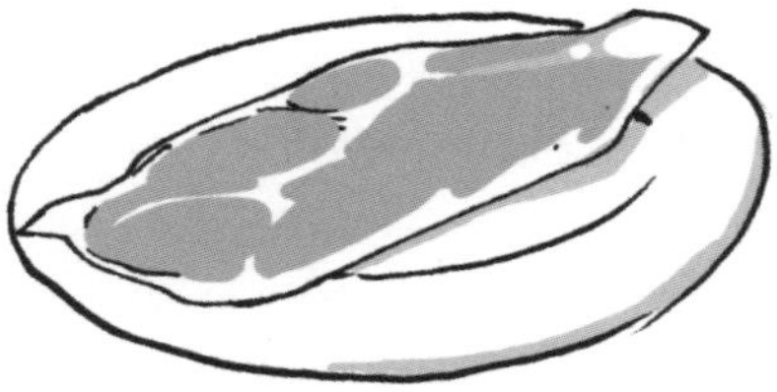
prosciutto

sottaceti

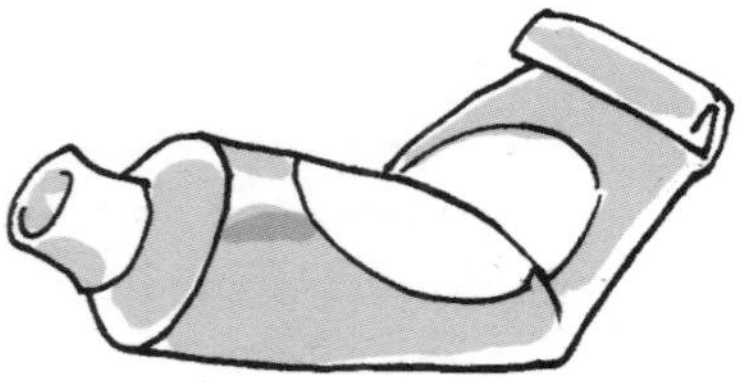
maionese

a. una fetta di `prosciutto`
b. una scatoletta di ______________________
c. una lattina di ______________________
d. un tubetto di ______________________
e. una pagnotta di ______________________
f. un pezzo di ______________________
g. una bottiglia di ______________________
h. una tavoletta di ______________________
i. un pacco di ______________________
l. un barattolo di ______________________
m. uno spicchio di ______________________

**tavoletta - scatoletta**
Per le *parole alterate* vedi pag. 108.

*10. Risolvi gli indovinelli e indovina di che oggetto si tratta!*

1. Si usa per tagliare. È il C __ __ __ __ __ __ __.
2. Serve per mangiare la zuppa; si chiama C __ C __ H __ __ __ O.
3. Per cuocere la pasta, la mettiamo in una __ __ N __ O __ __ di acqua bollente.
4. Quando la pasta è pronta, per eliminare l'acqua uso lo __ C __ __ AP __ __ __ __.
5. Insieme al coltello e al cucchiaio, forma le posate. È la __ O__ __ __ E __ __ __.
6. Per friggere uso una P __ __ E __ __ A.
7. La uso per bere il caffellatte la mattina: la T __ __ __ __.
8. Lo uso quando mangio in un self-service: V __ S __ __ I __.

*11. In italiano ci sono molte espressioni idiomatiche che usano cibi e bevande. Completa le frasi con le parole della lista!*

**birra - carciofo - cavolo - finocchio - mozzarella - olio - pane - peperone - pesce - pizza - prezzemolo - rapa**

1. Che film noioso: è proprio una ____________!
2. Devi andare al mare: sei bianco come una ____________.
3. È diventato rosso come un ____________ per la vergogna.
4. Paolo è sempre dappertutto: è come il ____________!
5. Quando mi ha detto quello che aveva fatto, non ho saputo come reagire. Sono rimasto come un ____________.
6. Ero in ritardo, ma per fortuna ho una macchina veloce e sono andato all'appuntamento a tutta ____________.
7. È andato tutto liscio come l'____________, non ci sono stati problemi.
8. Eugenio non capisce mai niente: è proprio una ____________.
9. Che ____________ lesso! Non ho mai incontrato una persona meno interessante!
10. Sarebbe ora di smetterla di usare la parola ____________ per definire un omosessuale: non è politicamente corretto.
11. Luca è un ragazzo gentile e disponibile, è proprio buono come il ____________.
12. Ho letto quel libro di filosofia ma l'ho trovato difficilissimo. Non ci ho capito un ____________.

# 10 Luoghi e trasporti



*1a. Simona e Ranieri stanno organizzando un fine settimana fuori città. Leggi cosa hanno trovato su Internet.*

Viaggio.ig

post@

Speciali

**Isole italiane**
Dall'Elba alle Pelagie, luoghi pieni di misteri e contrasti.

**Itinerari del vino**
Itinerari enologici attraverso meravigliosi paesaggi regionali.

Iscriviti alla nostra Lista

## Week-end in Italia

I luoghi da vedere in Italia sono molti e tutti raggiungibili anche solo per un fine settimana. Abbiamo selezionato per voi le mete più stimolanti per chi ama la campagna, il mare, la montagna, i ritiri eno-gastronomici e anche per chi, dopo le fatiche invernali, cerca il relax dei centri termali.

**Itinerari in bici**
Dall'Alto Adige alla Sardegna, per conoscere l'Italia in sella alla mountain bike.

**Parchi e riserve**
I parchi d'Abruzzo sono ideali per vacanze in mezzo alla natura.

**Agriturismo e cucina**
Tutti i consigli per chi cerca tranquillità e prodotti locali genuini.

**Terme e benessere**
Moltissime terme, tutte un'ottima fonte di benessere.

**Gite al mare**
Dalla Riviera dei fiori ad Amalfi
tutte le coste assolate prima dell'estate.

**Passeggiate**
Per gli amanti dell'escursionismo: trekking in tutta Italia.

*(adattato da http://viaggi.virgilio.it)*

*1b. Nei testi che hai letto sono usate delle parole straniere. Trova quelle che corrispondono a questi significati.*

| parole straniere usate nei testi | significato |
|---|---|
| **1.** | camminate |
| **2.** | fine settimana |
| **3.** | bicicletta da montagna |
| **4.** | riposo |

**trekking - bike**
Per le *parole straniere* vedi pag. 116.

*1c. Associa ogni parola al significato corretto.*

| parola usate nei testi | significato |
|---|---|
| 1. luoghi | a. che riguarda vino e cibo |
| 2. mete | b. con molto sole |
| 3. eno-gastronomico | c. la "sedia" che si usa per sedersi sul cavallo |
| 4. agriturismo | d. andare a fare gite e passeggiate |
| 5. enologico | e. destinazioni |
| 6. assolato | f. che riguarda il vino |
| 7. sella | g. posti |
| 8. escursionismo | h. pensione in campagna dove è possibile dormire e mangiare i prodotti del posto |

*2. Mare o montagna? Metti le parole della lista nella categoria giusta.*

**cima - costume da bagno - discesa - duna - giacca a vento - immersione - neve - ombrellone - onda - roccia - ruscello - sabbia - salita - scarponi - sedia a sdraio - sentiero - spiaggia - vetta**

3. *Guarda questo paesaggio della campagna toscana. Conosci i nomi dei luoghi rappresentati? Scrivi per ogni luogo il nome corretto.*

**bosco - campo - collina - fiume - laghetto - ponte - recinto - sentiero - valle**

1. ______________
2. ______________
3. ______________
4. ______________
5. ______________
6. ______________
7. ______________
8. ______________

**laghetto**
Per le *parole alterate* vedi pag. 108.

4. *Conosci i nomi relativi alla circolazione stradale? Guarda il disegno e scrivi per ogni cosa il numero giusto, come nell'esempio.*

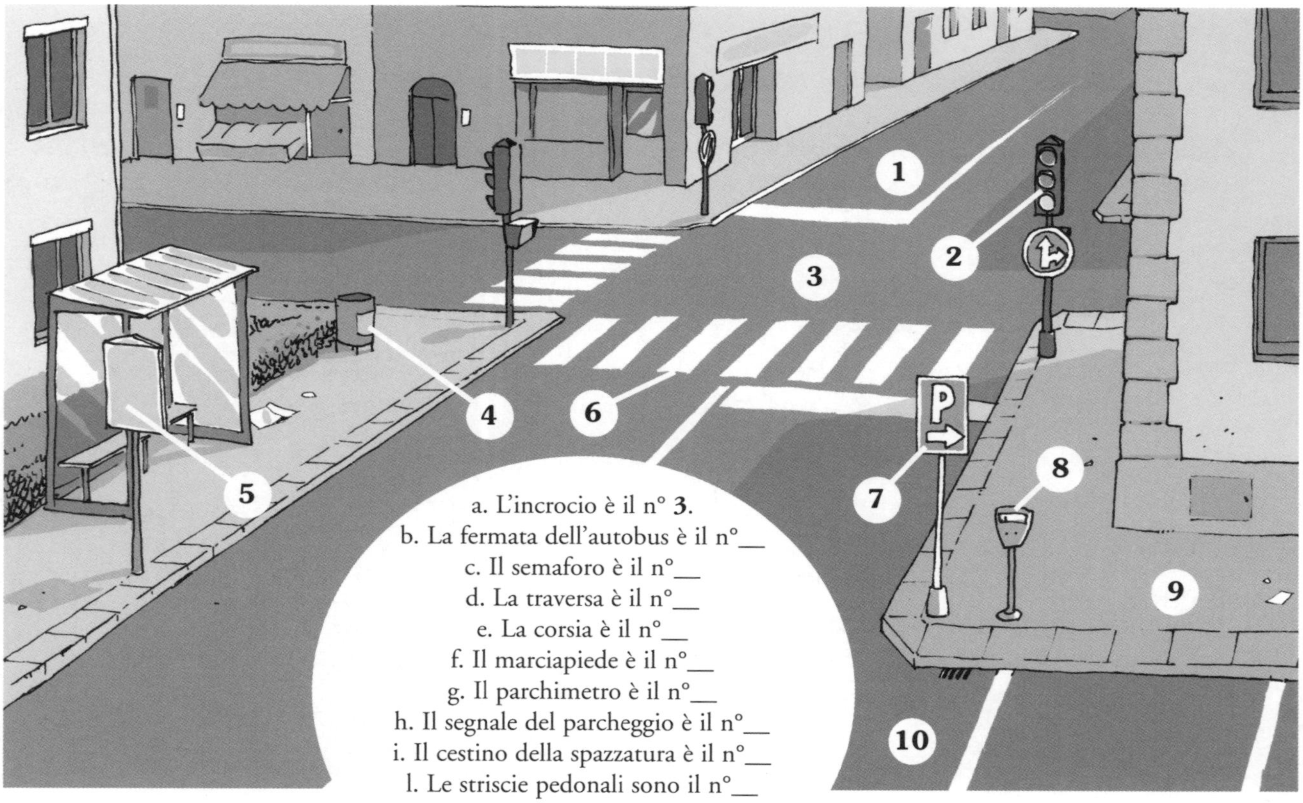


a. L'incrocio è il n° **3**.
b. La fermata dell'autobus è il n°__
c. Il semaforo è il n°__
d. La traversa è il n°__
e. La corsia è il n°__
f. Il marciapiede è il n°__
g. Il parchimetro è il n°__
h. Il segnale del parcheggio è il n°__
i. Il cestino della spazzatura è il n°__
l. Le strisce pedonali sono il n°__

5. *In macchina, autobus, treno, aereo o nave? Metti le parole della lista sotto il mezzo di trasporto giusto. Attenzione: alcune parole possono essere collegate a più mezzi di trasporto.*

**aeroporto - binario - cabina - cabina di pilotaggio - capitano - capolinea - carta d'imbarco (2)- cintura di sicurezza (2) - conducente - controllore (2) - cuccetta (2) - fermata (2) - hostess - macchinista - marinaio - pilota - ponte - porto - stazione - steward - targa - vagone letto**

| macchina | autobus | treno | aereo | nave |
|---|---|---|---|---|
| | | | | |

**hostess - steward**
Per le *parole straniere* vedi pag. 116.

**portabagagli - capolinea**
Per le *parole composte* vedi pag. 112.

proverbi e modi di dire: **Chi va piano va sano e va lontano**
significato: *chi non corre e va avanti senza fretta, arriva sempre molto lontano*

# 11 Tempo atmosferico



1. *Leggi questa filastrocca di Gianni Rodari e scrivi tutte le parole che si riferiscono al tempo atmosferico, come nell'esempio.*

## Dopo la pioggia

Dopo la pioggia viene il sereno,
brilla in cielo l'arcobaleno:

è come un ponte imbandierato*
e il sole vi passa, festeggiato.

È bello guardare a naso in su
le sue bandiere rosse e blu.

Però lo si vede - questo è il male -
soltanto dopo il temporale.

Non sarebbe più conveniente
il temporale non farlo per niente?

Un arcobaleno senza tempesta,
questa sì che sarebbe una festa.

Sarebbe una festa per tutta la terra
fare la pace prima della guerra.

*(G. Rodari "I cinque libri - Storie fantastiche, favole, filastrocche". 1993, Einaudi, Torino)*

****imbandierato:*** *con molte bandiere.*

| il tempo |
|---|
| pioggia |

2. *Che tempo fa? Scrivi l'espressione corretta per ogni disegno.*

**piove - nevica - caldo - ~~tira vento~~ - il sole - grandina - nuvoloso - freddo - la nebbia**

1. Tira vento

2. C'è ________

3. ________

4. C'è ________

5. Fa ________

6. ________

7. È ________

proverbi e modi di dire:
**Il buongiorno si vede dal mattino**
significato: *se una giornata comincia bene, di solito continua bene*

8. Fa ________

9. ________

3. *Completa il testo con le parole della lista.*

**nevicare - nuvola - piovere - sereno - soffiare - tuoni**

Buongiorno a tutti! Ecco le condizioni del tempo in alcune nazioni europee. Gran parte della Scandinavia è già coperta dalla neve. Sulle Alpi continua a ______________ ormai da diversi giorni, le piste da sci sono pronte e la neve è perfetta. La Francia purtroppo è sotto una pioggia incessante, e sembra che continuerà a ______________ per tutta la settimana. Il cielo sopra la Spagna è ______________, neanche una ______________ in vista per un paio di giorni, bellissimo per una bella passeggiata al mare o un pic-nic in campagna! Anche l'Italia centrale è abbastanza calda, a parte un forte vento che comincerà a ______________ dal sud nel primo pomeriggio. Questo provocherà temporali nell'Italia nord-orientale con lampi e ______________ e abbassamento della temperatura. Insomma, un dicembre temperato nell'Europa mediterranea mentre l'Europa del nord è pronta per la visita di Babbo Natale!

**Scandinavia - Francia - Spagna**
Per i *nomi geografici* vedi pag. 92.

4. *Completa le frasi con l'espressione corretta, come nell'esempio.*

**cane - ~~catinelle~~ - coltello - pecorelle - pietre**

1. Ho dimenticato l'ombrello, come faccio a tornare a casa? Piove a catinelle!
2. La temperatura è bassissima! Fa un freddo ______________!
3. Oggi c'è una nebbia che si taglia con il ______________!
4. Non uscire senza il cappello! C'è un sole che spacca le ______________ !
5. Sono sicura che fra poco comincerà a piovere, guarda che cielo a ______________

# Tecniche di memorizzazione



- Per ricordare una parola nuova, puoi:

  1. fare un paragone con una parola simile nella tua lingua;
  2. associare la parola nuova a un oggetto;
  3. associare la parola nuova a un'immagine.

- Per ricordare facilmente le parole, fai delle schede. In ogni scheda puoi scrivere in alto la parola nuova, e in basso la traduzione nella tua lingua. Così puoi usare le schede per ripetere il significato delle parole, coprendo la parola o la traduzione ogni volta.

- Per le parole di oggetti che trovi in casa, puoi scrivere i nomi su delle etichette autoadesive e attaccarle agli oggetti. Così, ogni volta che vedi l'oggetto, puoi leggere il suo nome in italiano.

- Appendi dei poster con le parole nuove in posti dove passi un po' di tempo (es: bagno ☺). Così puoi leggere le parole nuove in ogni momento.

- Se trovi delle canzoni o delle poesie facili in italiano, prova ad impararle a memoria. Imparerai molte parole nuove.

# 12 Acquisti



*1a. Completa il testo con le parole della lista.*

**affare - al verde - bollette - buon mercato - carta - costoso - rosso - salati - saldi - spendacciona - occhio della testa - usati**

Simona e Ranieri sono una coppia fissa da un po' di tempo e, siccome fra pochi giorni è il compleanno di Ranieri, Simona ha pensato di fargli un regalo particolare, qualcosa di diverso e speciale. Purtroppo, in questo periodo, Simona è __________, perché ultimamente ha avuto troppe spese: __________ da pagare, il conto della __________ di credito, le spese per l'auto e, se non sta attenta, si troverà con il conto in __________! Per fortuna qualche giorno fa è cominciata la stagione dei __________, ci sono svendite in tutta la città e non dovrebbe essere difficile trovare qualcosa di non troppo __________. Ranieri ama l'antiquariato, ma gli antiquari del centro di Roma hanno dei prezzi altissimi, davvero __________; ogni tanto si può trovare qualcosa a un prezzo ragionevole, ma è sempre difficile fare un __________ in quella zona. Perché non provare allora al mercato di Porta Portese? Simona ama andare a farci acquisti, girare fra le bancarelle e guardare la gente che compra e che vende; a Porta Portese si trova di tutto, dalle scarpe ai mobili __________ e, di solito, è tutto molto a__________. Con un po' di fortuna puoi fare davvero un affare e comprare qualcosa di valore senza dover spendere un __________. Alla fine Simona trova un orologio da taschino bello ma un po' caro. Ci pensa un po', ma poi decide di comprarlo perché in fondo è una __________.

*1b. Nel testo dell'esercizio 1a ci sono molte espressioni relative agli acquisti. Sai cosa significano? Associa ogni espressione al significato corretto, come nell'esempio.*

| n. riga | espressione del testo | significato |
|---|---|---|
| 3 | **a. è al verde** | 1. non caro, economico |
| 4 | b. bollette | 2. molto caro |
| 5 | c. conto in rosso | 3. spendere moltissimo |
| 6 | d. saldi | 4. vendite eccezionali ad un prezzo più basso |
| 6 | e. svendite | 5. persona che spende tutti i soldi che ha |
| 7 | f. costoso | 6. di seconda mano, non nuovi |
| 8 | g. salati | **7. non ha più soldi** |
| 9 | h. fare un affare | 8. molto cari |
| 12 | i. usati | 9. le spese per il gas, la luce, il telefono, ecc. |
| 12 | l. a buon mercato | 10. vendite eccezionali ad un prezzo più basso |
| 14 | m. spendere un occhio della testa | 11. conto negativo, passivo in banca |
| 15 | n. spendacciona | 12. pagare qualcosa molto poco |

*2. Simona va a fare spese. Completa i dialoghi con le parole della lista.*

**chilo - commissione - dozzina - etti - meloni - numero - taglia**

1. Al negozio di alimentari.

- Dica signora.
- Due ____________ e mezzo di parmigiano.
- Ecco a Lei, altro?
- Sì, volevo anche mezza ____________ di uova e cinque panini all'olio.
- Fatto. ArrivederLa signora.
- Arrivederci.

2. Al negozio di scarpe.

- Buongiorno vorrei provare quel paio di stivali neri in vetrina.
- Che ____________ porta?
- Il 38.
- Ecco a Lei.

**uovo/uova - paio/paia**
Per i *nomi con plurale irregolare* vedi pag. 100.

3. Al negozio di abbigliamento.

- Potrei provare quel vestito nero?
- Mi dispiace, ma non credo di averne più in quel colore. Che ____________ porta?
- La 44.
- Eccola qui, è fortunata.

4. Dal fruttivendolo.

- Buongiorno, mi dia mezzo ____________ di pere e 2 ____________.
- Ecco a Lei, desidera altro?
- Ah, sì. Un po' di odori.

5. In banca.

- Vorrei cambiare della valuta straniera in euro.
- Che valuta ha?
- Dollari.
- Nessun problema, ma c'è una ____________ sul cambio.
- Va bene. Grazie.

proverbi e modi di dire: **Chi disprezza compra**
significato: *spesso finiamo per apprezzare qualcosa che prima non ci piaceva per niente*

3. *Negozi. Dove si comprano queste cose? Scrivi ogni cosa vicino al negozio giusto, come nell'esempio.*

**~~acqua~~ - camicia - carne - fiori - francobolli - frutta - giornale - gonna - libri - medicine - olio - pane - pantaloni - pasta - penna - pesce - profumo - prosciutto - quaderno - rivista - scarpe - sigarette - stivali - verdura**

1. alimentari: acqua,
2. fruttivendolo:
3. tabaccheria:
4. pescivendolo:
5. negozio di calzature:
6. cartoleria:
7. giornalaio:
8. macelleria:
9. libreria:
10. profumeria:
11. farmacia:
12. fioraio:
13. negozio di abbigliamento:

**giornalaio - libreria**
Per la *formazione dei nomi* vedi pag. 84

**libreria - biblioteca**
Attenzione: per comprare un libro vado in **libreria**, ma per leggere un libro vado in **biblioteca**!

4. *Locali e servizi pubblici. Dove si fanno queste cose? Completa le frasi con le parole della lista, come nell'esempio.*

**aeroporto - agenzia di viaggi - ambasciata - banca - bar - ~~biblioteca~~ - birreria - chiesa - cinema - discoteca - libreria - museo - piscina - pronto soccorso - questura - stadio - stazione - teatro - ufficio turistico**

1. Per leggere un libro vado in biblioteca.
2. Per ballare vado in ____________
3. Per prenotare una vacanza vado in un'____________
4. Per vedere una partita di calcio vado allo ____________
5. Per nuotare vado in ____________
6. Per fare una denuncia vado in ____________
7. Se ho un avuto incidente e sto male vado al ____________
8. Per ammirare un quadro vado in un ____________
9. Per vedere un film vado al ____________
10. Per bere un caffè vado al ____________
11. Per bere una birra vado in ____________
12. Per vedere una tragedia di Shakespeare vado a ____________
13. Se sono in una città che non conosco e ho bisogno di informazioni vado all'____________
14. Per prendere il treno vado alla ____________
15. Per prendere l'aereo vado all'____________
16. Se ho bisogno di soldi vado in ____________
17. Se perdo il passaporto in un paese straniero vado all'____________
18. Se voglio andare a messa vado in ____________
19. Per comprare un libro vado in ____________

*5. Fai il cruciverba sugli acquisti.*

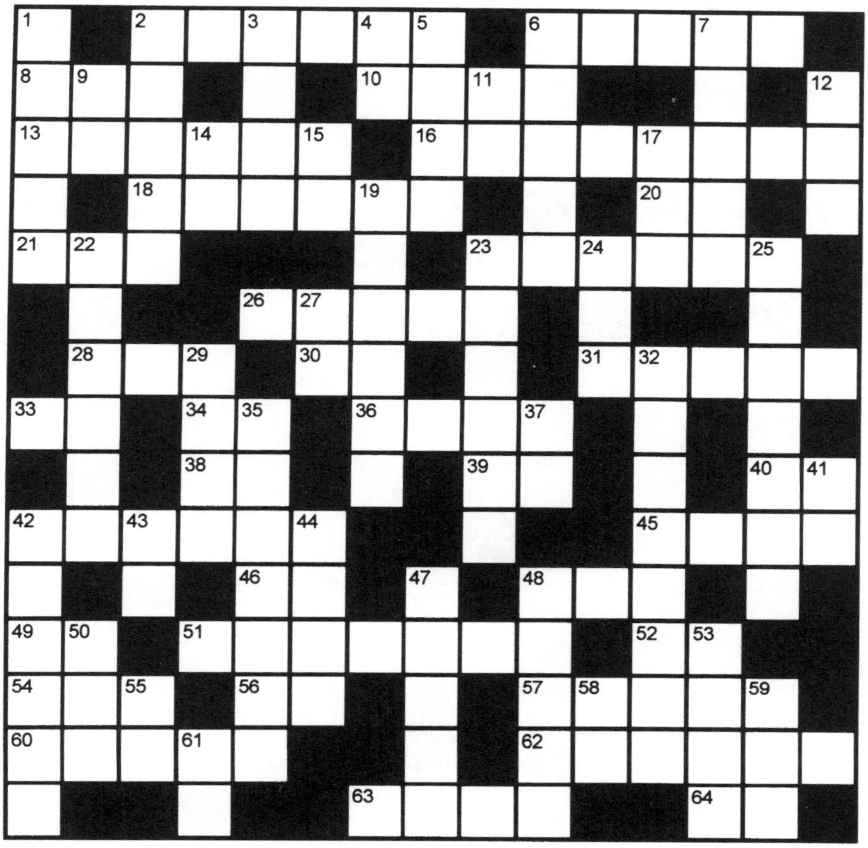

**ORIZZONTALI ➛**

**2** Di uno che spende tutti i soldi che ha si dice che ha le mani ...
**6** Si paga al ristorante.
**8** "Poco economico" si dice anche "COST _ _ _".
**10** Una parola poco usata per dire "loro".
**13** Fare un giro.
**16** Quando non pago con la carta di credito ma con i soldi, allora pago in ...
**18** Quando vogliamo pagare meno, chiediamo uno ...
**20** Un chilo = 1 Kg. Un litro = 1 ...
**21** Dodici uova si dice anche "una DOZZ _ _ _ di uova".
**23** Il numero dei vestiti che porti si chiama la ...
**26** Se esci per comprare delle cose da mangiare vai a fare la ...
**28** Una persona che veste secondo l'ultima tendenza, segue la _ _ _ A.
**30** Avere il conto in banca sotto lo zero, si dice anche "avere il conto ... rosso".
**31** Si usa per chiamare il cameriere al ristorante.
**33** Si usa per fare ipotesi.
**34** Il contrario di "indietro" è "_ _ ANTI".
**36** Un posto in cui ci sono tanti libri è una BIBLIO _ _ _ _ .
**38** Il marito della regina.
**39** Io ho, tu hai, lui ...
**40** Il contrario di "sbagliato" è "_ _ USTO".
**42** 2 Euro e 1 Euro non sono banconote ma ...
**45** Il contrario di "più".
**46** Prendere una cosa senza pagare si dice "_ _ BARE".
**48** Quando voglio sapere quanto costa una cosa, chiedo il _ _ _ ZZO.
**49** Io ..., tu dai, lui dà.
**51** Un abito di un famoso stilista di moda è un abito ...
**52** Probabilmente, forse.
**54** In Italia prima dell'Euro si pagava con la L _ _ _ .
**56** Il contrario di "sì".
**57** Se dai più soldi di quelli che dovresti pagare, ti aspetti di ricevere il ...
**60** Per pagare in un negozio vado alla ...
**62** Per vedere una commedia di Goldoni o di Pirandello vado a ...
**63** Di solito alla posta e in banca si fa la ...
**64** Due volte zero.

**VERTICALI ↓**

**1** I soldi si mettono nel porta _ _ _ _ _.
**2** Di solito le donne mettono il portafogli nella ...
**3** "Costoso" è un'altra parola per dire ...
**4** Si beve con il latte o con il limone.
**5** Io ..., tu esci, lui esce.
**6** Si usa per tenere su i pantaloni.
**7** Molti.
**9** Si dice quando si è d'accordo.
**11** Io ..., tu sai, lui sa.
**12** Il femminile di "mio".
**14** Avanti Cristo.
**15** Il contrario di "uscita" è "_ _ TRATA".
**17** A + l'.
**19** Venti + dieci.
**22** La taglia per le scarpe si chiama il ...
**23** Un negozio che ha prezzi alti, medi e bassi è un negozio per tutte le ...
**24** Di solito paghiamo la bolletta dell'elettricità, dell'acqua, del telefono e del ...
**25** Se non paghi né in contanti né con la carta di credito puoi scrivere un ...
**27** Poste Italiane.
**29** Il contrario di "prendere".
**32** Una ragazza che lavora in un negozio.
**35** La "finestra" del negozio.
**37** Artisti Associati.
**41** Noi = Tu ed ...
**42** Lavora in ospedale.
**43** Negazione.
**44** Negli Stati Uniti si paga con il dollaro, in Italia si paga con l' ...
**47** Quando i negozi vendono a prezzi molto più bassi si dice che ci sono i ...
**48** Gli spiccioli si mettono di solito nel _ _ _ _ _ MONETE.
**50** Adesso.
**53** 100 grammi.
**55** Associazione Sportiva.
**58** Est-Est.
**59** Si usa per fare i gioielli.
**61** Io so, tu sai, lui ...

**portafoglio**
Per le *parole composte* vedi pag. 112.

# 13 Animali

1. *Guarda i disegni e completa il testo con gli animali della lista.*

**cani - uccelli - gatti - pappagallo - pesci - rane - scimmie - tartarughe - topi**

## Animali domestici al seguito

È possibile portare al proprio seguito, in Italia, un massimo di 5 animali domestici, inclusi nel seguente elenco:

____________ (di piccola taglia, ad eccezione dei pappagalli),

____________ ,

____________ ,

____________ (di piccola dimensione),

____________, rettili comuni,

____________,

____________ di piccola taglia (massimo due esemplari), roditori (scoiattoli, criceti, porcellini d'India, marmotte, cincillà) e piccole

____________.

Gli animali al seguito potranno essere introdotti in Italia esclusivamente insieme al proprietario e solo se muniti del certificato attestante la buona salute dell'animale.

Il certificato deve essere rilasciato dal veterinario della città di residenza e non dovrà avere una data di rilascio superiore a 30 giorni dalla partenza per l'Italia.

Possono essere introdotti in Italia non più di 2 esemplari di

____________ purché muniti di un certificato che attesti la loro origine, la loro buona salute e che provi che negli ultimi 6 mesi sono stati ospitati in uno zoo o in un allevamento sotto il controllo del veterinario di Stato.

2. *Guarda questa cartina d'Italia. Come vedi ci sono diversi animali tipici della fauna italiana. Scrivi per ogni animale il nome corretto. Scegli in questa lista:*

**acciuga - aquila - asino - capra - cervo - cinghiale - foca - gabbiano - lepre - lupo - maiale - pecora - tonno - vipera - volpe**

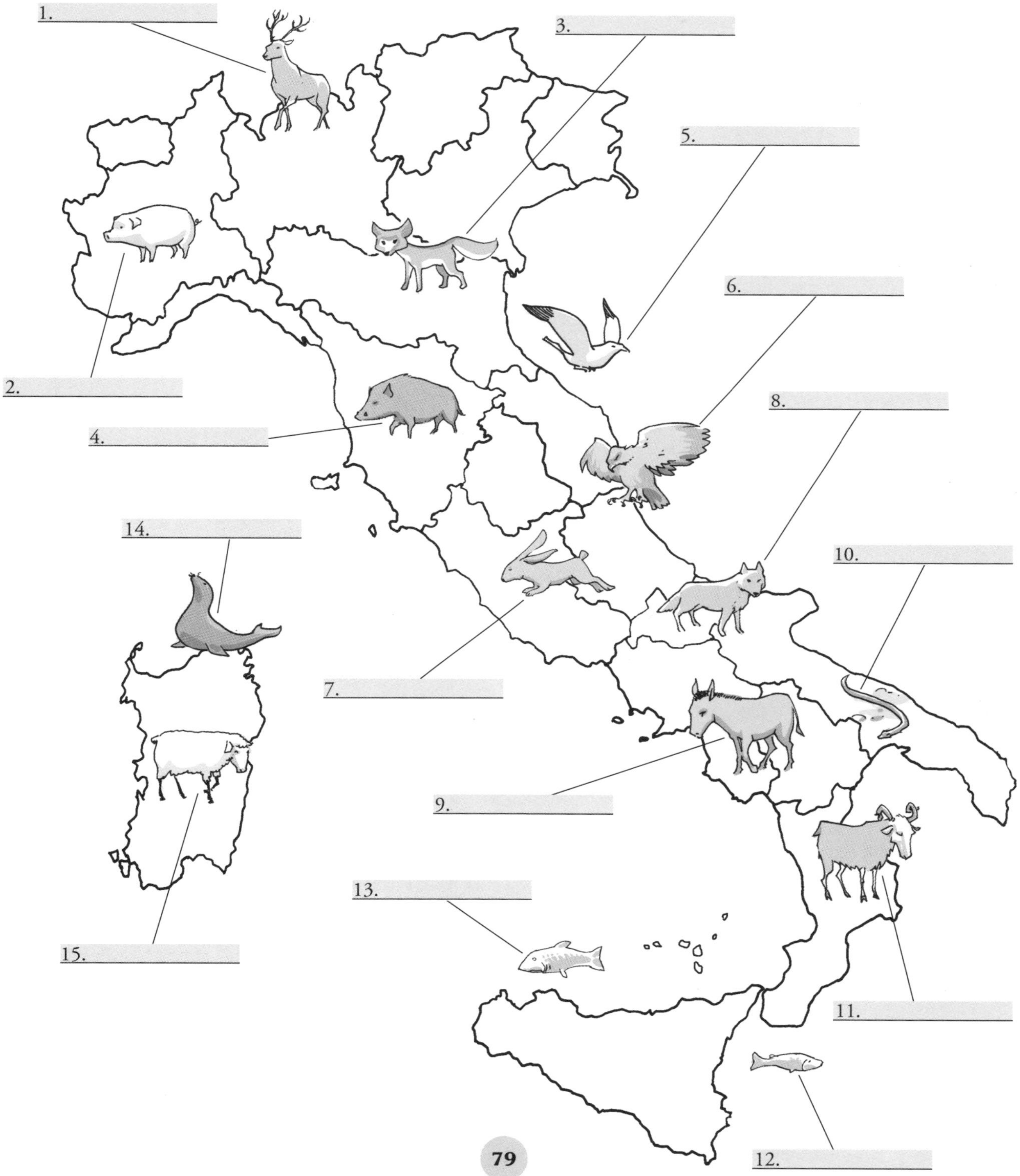

3. *Ecco Krokus, il gatto di Simona. Scrivi le parole corrette per ogni parte del corpo di Krokus. Usa le parole della lista.*

**baffi - coda - muso - pelo - zampe**

4. *Chi dorme qui? Associa gli animali al luogo in cui dormono. Attenzione: sono possibili più soluzioni.*

| animale | luogo |
|---|---|
| 1. gallina | a. nido |
| 2. mucca | b. acquario |
| 3. uccello | c. pollaio |
| 4. cane | d. stalla |
| 5. pesce | e. tana |
| 6. gatto | f. cuccia |
| 7. cavallo | g. gabbia |
| 8. maiale | h. alveare |
| 9. topo | i. porcile |
| 10. ape | l. mare |

5. *In molte lingue si associano gli animali ad una qualità particolare. Scrivi per ogni qualità l'animale che secondo te si associa in italiano, come nell'esempio.*

**bue - ~~cane~~ - cavallo - gatto - leone - lumaca - mulo - oca - serpente - talpa - toro - volpe**

| qualità | animale |
|---|---|
| 1. fedeltà | cane |
| 2. furbizia | |
| 3. coraggio | |
| 4. indipendenza | |
| 5. pazienza | |
| 6. falsità | |
| 7. cecità | |
| 8. lentezza | |
| 9. stupidità | |
| 10. forza | |
| 11. pazzia | |
| 12. testardaggine | |

**falsità - lentezza**
Per la *formazione dei nomi* vedi pag. 84.

proverbi e modi di dire: **Qui gatta ci cova**
significato: *uhm, qui c'è qualcosa che non mi convince*

6. *Le parole che hai visto nell'esercizio 5 si usano anche in molte espressioni idiomatiche. Fai il cruciverba e scopri quali sono queste espressioni.*

**ORIZZONTALI ➛**

**5** Quando qualcuno ha una bella voce, si dice che canta come un ...
**6** Si dice: nudo come un ...
**9** Diciamo: curioso come una ...
**10** In italiano si dice: testardo come un ...
**11** Di una donna un po' stupida si dice che è un' ...
**12** Pazzo come un ...?
**15** Il tipico italiano che va a parlare con tutte le ragazze viene definito un ...
**20** Grasso come un ...?
**22** Un bell'uomo con una forte attrattiva sessuale viene definito uno ...
**23** Una persona veloce viene paragonata ad una ...
**24** Uno che segue quello che fanno gli altri senza pensare è detto un ...

**VERTICALI ↓**

**1** Se una persona è molto paziente, si dice: è paziente come un ...
**2** Se qualcuno è fastidioso, si dice: è noioso come una ...
**3** Di qualcuno che risparmia e pensa al futuro si dice che è una ...
**4** Di un uomo che non ama la compagnia delle persone si dice che è un ...
**6** Si dice: furbo come una ...
**7** Quando qualcuno piange in maniera disperata si dice che piange come un ...
**8** Di una persona lenta si dice che è una ...
**13** Quando ci sono poche persone presenti diciamo che ci sono quattro ...
**14** Una persona che lavora molto e con costanza viene paragonata ad un insetto, quale?
**16** Di uno che non è bravo a scuola si dice che è un ...
**17** Coraggioso come un ... ?
**18** Di una persona sana si dice che è sano come un ... Lo stesso animale viene usato nella frase: muto come un ...
**19** Quando qualcuno ci fa sospettare qualcosa diciamo che ci ha messo nell'orecchio una ...
**21** Solo come un ...?

# Sezione 2
# Grammatica

# 1 Formazione dei nomi

*vedi anche sezione Lessico: 3 es. 2a, 9 es. 7, 12 es. 3, 13 es. 5*



*In italiano possiamo formare nomi aggiungendo un suffisso alla parola originaria. I suffissi più usati sono:*

| | |
|---|---|
| Paolo fa il **muratore**. *(il muratore costruisce il "muro")*<br>Devo fare benzina, vado al **distributore**. *(il distributore "distribuisce" benzina)* | *a) **-tore:** questo suffisso ha un significato attivo. Indica la persona o l'oggetto che fa un'azione.* |
| Sonja fa la **lettrice** di russo all'università. *(la lettrice fa "leggere" gli studenti)* | *Nota: di solito il femminile di questo suffisso è **-trice** (la parola "dottore" > dottoressa" è un'eccezione).* |
| Mio figlio fa l'**infermiere**. *(l'infermiere si occupa delle persone "inferme" = malate)*<br>L'**infermiera** di mia nonna è molto professionale. | *b) **-iere:** questo suffisso si usa generalmente per indicare un'attività o una professione. Di solito la forma femminile del suffisso è **-iera**.* |
| Siamo fortunati perché abbiamo un **giornalaio** vicino. *(il giornalaio vende i "giornali")* | *c) **-aio:** anche questo suffisso viene usato comunemente per indicare una professione.* |
| Sandra è una **giornalista.** *(il giornalista lavora per un "giornale")*<br>Mio nonno era un **comunista**. *(un comunista segue l'ideologia del "comunismo")* | *d) **-ista:** è un altro suffisso che indica una professione o chi segue un'ideologia.* |
| Paola è una **farmacista**.<br>Mario è un **farmacista**.<br>Paola e Carla sono due **farmaciste**.<br>Mario e Aldo sono due **farmacisti**. | *Nota: **-ista** ha lo stesso singolare per il maschile e il femminile. Il plurale maschile e quello femminile invece sono diversi.* |
| Devo andare in **pizzeria**. *(il negozio che vende la pizza)* | *e) **-eria:** uno dei tanti significati di questo suffisso è: "posto", "negozio".* |
| Io studio spesso in **biblioteca**. *(luogo che contiene libri)* | *f) **-teca:** significa "raccolta", "deposito" e indica un luogo che contiene una raccolta di una determinata cosa.* |
| La **bellezza** è molto importante nel mondo dello spettacolo. *(la bellezza è la qualità dell'aggettivo "bello")* | *g) **-ezza**: questo suffisso si usa per formare, da un aggettivo, il nome che ne indica la qualità.* |

| | |
|---|---|
| Non sopporto la **passività** di mio fratello! *(la passività è la qualità di chi è "passivo")* | *h) **-ità:** anche questo suffisso forma un nome da un aggettivo. Il significato è simile a quello del suffisso **-ezza**.* |
| Luca è un ragazzo molto **serio**. La sua **serietà** è conosciuta da tutti. | *Nota: se l'aggettivo finisce in **-io** il suffisso è **-ietà**.* |
| Laura è molto fedele al marito. È un esempio di **fedeltà**.<br>Uhm, che **bontà**! Questo dolce è buonissimo.<br>Voglio essere libera. La **libertà** per me è molto importante. | *i) Se gli aggettivi hanno la consonante **l**, **n** o **r** nella radice il suffisso è **-tà**.* |

# Esercizi

*1a. Associa ogni professione al significato corretto.*

| professione | significato |
|---|---|
| 1. panettiere | a. vende i libri |
| 2. analista | b. prepara e vende le medicine |
| 3. scultore | c. fa e vende il pane |
| 4. dottore | d. lavora con gli animali |
| 5. allevatore | e. cura i problemi psicologici |
| 6. macellaio | f. vende la benzina |
| 7. farmacista | g. fa sculture |
| 8. benzinaio | h. cura i problemi fisici |
| 9. libraio | i. vende la carne |

*1b. Adesso sai fare il femminile di queste professioni?*

1. Un panettiere donna è una ______________
2. Un analista donna è un' ______________
3. Uno scultore donna è una ______________
4. Un dottore donna è una ______________
5. Un allevatore donna è un' ______________
6. Un macellaio donna è una ______________
7. Un farmacista donna è una ______________
8. Un benzinaio donna è una ______________
9. Un libraio donna è una ______________

*1c. E ora, sai dire dove lavorano queste persone? Forma i nomi dei negozi partendo dal nome della professione e aggiungendo il suffisso corretto.*

1. Il panettiere lavora in ____________
2. Il macellaio lavora in ____________
3. Il farmacista lavora in ____________
4. Il libraio lavora in ____________

*2. Trova il nome che deriva da questi aggettivi. Usa il suffisso corretto:* ***-ezza*** *o* ***-ità*** *(o le varianti* ***-ietà*** *e* ***-tà****) come nell'esempio.*

| aggettivo | nome |
|---|---|
| 1. giovane | giovin<u>ezza</u> |
| 2. sicuro | sicur ________ |
| 3. basso | bass ________ |
| 4. originale | original ________ |
| 5. bello | bell ________ |
| 6. alto | alt ________ |
| 7. banale | banal ________ |
| 8. libero | liber ________ |
| 9. onesto | ones ________ |
| 10. serio | ser ________ |

# Appunti

# 2 Maschile e femminile dei nomi

vedi anche sezione Lessico: 4 es. 2, 6 es. 1a



**La macchina** di Mario è rossa.
**Il fiore** della donna è la mimosa.

● *La distinzione in maschile e femminile per i nomi di cose è solo una convenzione.*

**Il padre** di Paolo ha 50 anni.

● *Questo non succede con i nomi di persone e animali. Es:* ***padre*** *è chiaramente un nome maschile.*

Il primo **uomo** fu Adamo e la prima **donna** fu Eva.
Mio **fratello** si chiama Edoardo e mia **sorella** Lisa.

● *Ci sono naturalmente nomi che hanno il femminile diverso dalla forma maschile.*

Ho un **nonno** di 80 anni e una **nonna** di 76.
Il mio **gatto** si chiama Krokus e la mia **gatta** si chiama Millina.

● *La maggior parte dei nomi di persone o animali ha sia la forma maschile che quella femminile.*

● *Le regole di formazione del femminile sono varie:*

Ungaretti è un famoso **poeta** italiano, una **poetessa** molto brava è Alda Merini.

*a) I nomi che al maschile finiscono in* ***-a*** *di solito formano il femminile con il suffisso* ***-essa****.*

Ho portato un **amico** e un'**amica** alla festa.

*b) I nomi che al maschile finiscono in* ***-o*** *di solito formano il femminile con la desinenza* ***-a****.*

Laura è un **ingegnere**.
Laura è un **ingegnere donna**.
Cecilia è un **giudice**.
Cecilia è un **giudice donna**.

*c) Attenzione! Le donne oggi fanno molte professioni che una volta erano solo maschili. Per esprimere queste professioni ci sono due modi: o si usa la forma maschile, o si aggiunge il sostantivo "donna".*

*d) I nomi che hanno il maschile singolare in* ***-e*** *formano il femminile in due modi:*

In quel ristorante ci sono una **cameriera** e un **cameriere**.

- *alcuni prendono la desinenza* ***-a****;*

Mario è un **professore**, Ada è una **professoressa**.
Nello zoo ci sono un **leone** e una **leonessa**.

- *altri (di solito professioni, cariche o animali) prendono invece il suffisso* ***-essa****.*

| | |
|---|---|
| Hugh Grant è un **attore** inglese, Margherita Buy è un'**attrice** italiana. | *e) I nomi in* ***-tore*** *formano in femminile in* ***-trice****.* |
| Marco è un dottore, Carla è una **dottoressa**. | *Attenzione alle eccezioni!*<br>*Es.: dottore > dottoressa.* |
| Mia **nipote** si chiama Anna e mio **nipote** Lucio.<br>Luciano Pavarotti è un **cantante** lirico, anche Katia Ricciarelli è una **cantante** lirica. | *f) Alcuni nomi hanno un'unica forma per il maschile e per il femminile; fra questi anche i nomi in* ***-nte****.* |
| Fulvio è un **giornalista**.<br>Paola è una **giornalista**.<br>Molti **giornalisti** italiani sono free-lance.<br>Sono aumentate le **giornaliste** che lavorano per la RAI. | *g) I nomi in* ***-ista*** *hanno una forma unica al singolare ma due forme diverse per il plurale.* |

# Esercizi

*1. Associa i nomi maschili al loro femminile. Attenzione: due sono sbagliati. Sai quali sono? E quale è il femminile corretto?*

| maschile | femminile |
|---|---|
| 1. padre | a. autrice |
| 2. uomo | b. professora |
| 3. professore | c. insegnante |
| 4. studente | d. cameriera |
| 5. autore | e. madre |
| 6. elettricista | f. operaia |
| 7. fioraio | g. fratella |
| 8. dottore | h. donna |
| 9. insegnante | i. elettricista |
| 10. operaio | l. studentessa |
| 11. commesso | m. fioraia |
| 12. cameriere | n. dottoressa |
| 13. fratello | o. commessa |

I due femminili corretti sono: ______________________ e ______________________

2. *Scrivi il maschile di questi nomi femminili (indicano tutti una professione).*

| femminile | maschile |
|---|---|
| 1. infermiera | |
| 2. scrittrice | |
| 3. giornalista | |
| 4. psicologa | |
| 5. cantante | |
| 6. attrice | |
| 7. commessa | |
| 8. traduttrice | |
| 9. musicista | |
| 10. impiegata | |

3. *Scrivi il femminile di questi nomi maschili (riguardano tutti la famiglia).*

| maschile | femminile |
|---|---|
| 1. nonno | |
| 2. figlio | |
| 3. nipote | |
| 4. cugino | |
| 5. zio | |
| 6. suocero | |
| 7. genero | |
| 8. cognato | |

# Appunti

# 3 Nomi geografici

*vedi anche sezione Lessico: 1 es. 4, 11 es. 3*



| | |
|---|---|
| **Il Veneto** è molto bell**o**.<br>**Venezia** è famosissim**a**. | *In italiano i nomi dei luoghi geografici possono essere maschili o femminili.* |
| **Roma** è bellissim**a**. | *In genere i nomi di città sono femminili.* |
| **La Sicilia** è incredibilmente cald**a** d'estate. | *Anche la maggior parte delle isole è di genere femminile.* |
| **La Svezia** è piuttosto lontan**a** dall'Italia. | *Molte nazioni sono di genere femminile.* |
| **Il Portogallo** è molto bell**o**.<br>**Il Guatemala** è cald**o**. | *Sono però maschili alcuni nomi di nazione come il Belgio, il Brasile, il Canada, il Guatemala, il Perù, il Portogallo, il Venezuela.* |
| **L'Asia** mi ha sempre affascinato, è così divers**a** dall'Europa! | *I continenti (Africa, Asia, Europa, America, Oceania) sono di genere femminile.* |
| **La Toscana** è molto amat**a** dagli stranieri.<br>**La Val d'Aosta** è una regione montana meravigliosa. | *Anche la maggior parte delle regioni italiane è di genere femminile.* |
| **Il Veneto, il Trentino-Alto Adige, il Piemonte** e **il Friuli** sono nel nord dell'Italia. | *Alcune regioni italiane però sono maschili: Abruzzo, Friuli, Lazio, Molise, Piemonte, Trentino-Alto Adige, Veneto.* |
| **Le Marche** sono nell'Italia centrale. | *Il nome di una regione, le Marche, è femminile e plurale.* |
| **Gli Stati Uniti** sono in America.<br>**Le Filippine** sono in Asia. | *Alcuni nomi di nazione sono plurali: Stati Uniti, Filippine.* |

# Esercizi



1. *Per ogni nome geografico nella tabella, scegli gli aggettivi che ti sembrano più adatti (al maschile o al femminile). Alcuni aggettivi possono essere usati con più di un nome.*

**artistico - bilingue - boscoso - caldo - centrale - europeo - freddo - grande - italiano - mite - nevoso - occidentale - piccolo - popolato - povero - ricco - settentrionale - straniero - verde**

| luogo | com'è |
| --- | --- |
| Africa | |
| Verona | |
| Lazio | |
| Capri | |
| Belgio | |
| Umbria | |
| Germania | |

2. *In questo testo ci sono 2 articoli sbagliati prima dei nomi geografici. Quali sono?*

Quando si pensa a una vacanza su un'isola si immaginano subito luoghi esotici come il Grecia, i Caraibi o le isole nell'Oceano Pacifico. Ma non dobbiamo dimenticare le bellissime isole che si trovano lungo i quattromila chilometri di coste italiane. Le isole italiane, infatti, non sono solo la Sardegna e la Sicilia. La Veneto ha delle belle isole, proprio davanti a Venezia; l'arcipelago toscano poi comprende il più grande parco marino d'Europa, con 7 isole, fra cui l'isola d'Elba. Al largo di Roma si trovano le isole Pontine, nel mare Adriatico le Tremiti e intorno alla Sicilia altri arcipelaghi meravigliosi di origine vulcanica.

3. *Scegli la risposta corretta per ogni domanda.*

1. Quale di queste nazioni è maschile?
   a. Australia ❑ b. Perù ❑ c. Francia ❑

2. Quale di queste regioni italiane è maschile?
   a. Val d'Aosta ❑ b. Lombardia ❑ c. Piemonte ❑

3. Quale di queste regioni italiane è plurale?
   a. Molise ❑ b. Friuli ❑ c. Marche ❑

4. Quale di questi nomi è maschile?
   a. Europa ❑ b. Milano ❑ c. Canada ❑

5. Quale di queste nazioni è femminile?
   a. Brasile ❑ b. Argentina ❑ c. Venezuela ❑

6. Quale di queste nazioni è plurale?
   a. Cile ❑ b. Pakistan ❑ c. Filippine ❑

# Appunti

# 4 Formazione degli aggettivi

*vedi anche sezione Lessico: 1 es. 1, 1 es. 2, 1 es. 5, 7 es. 1, 7 es. 6*

*In italiano gli aggettivi si possono formare aggiungendo suffissi ai nomi. Questi suffissi sono molti e più o meno comuni.*

## *Suffissi geografici*

Simona è **milanese**.
Ulrike è **svedese**.

*a) Il suffisso più frequente (quasi il 70%) per formare un aggettivo da un nome geografico è **-ese**.*

Farid è **parigino**.
John è **americano**.

*b) Altri suffissi che usiamo in questo caso sono **-ino** e **-ano**.*

Richard è **austriaco**.

*c) Il suffisso **-iaco** è meno comune.*

## *Altri suffissi*

La temperatura oggi è chiaramente **autunnale**.
C'è stato un incidente **mortale**.

*a) Il suffisso **-ale** è un altro suffisso molto comune per formare aggettivi da nomi.*

Luca è un tipo **orgoglioso**.
Questo film è proprio **noioso**!

*b) Il suffisso **-oso** si usa per formare aggettivi con una relazione molto forte con il nome da cui derivano.*

Il rosa è un colore molto **primaverile**.
Ho comprato un vestito **estivo**.

*c) Altri suffissi, ma meno comuni, sono **-ile** e **-ivo**.*

Nonno Luigi è vecchissimo. È un nonno **centenario**.
Carlo è uno studente **universitario**.

*d) Il suffisso **-ario** è usato spesso per formare i numerali, ma non solo.*

Massimo e Angela hanno un figlio **quindicenne** e una figlia **ventenne**.

*e) Il suffisso **-enne** si usa per indicare l'età di una persona.*

# Esercizi

1. *Guarda questa lista di nazioni, città e regioni: forma gli aggettivi per ogni parola e inseriscili nella categoria giusta, come nell'esempio.*

**Australia - Austria - Bari - Brasile - Calabria - Ferrara - Firenze - Francia - Genova - India - Islanda - Livorno - Marocco - Milano - Napoli - Parigi - Perù - Portogallo - Senegal - Torino - Trieste - Venezia**

| *-ano* | *-ese* | *-ino* | *-iaco, -co* |
|---|---|---|---|
| australiano | | | |

2. *Scrivi per ogni regione italiana gli aggettivi corretti, come negli esempi.*

| regione | aggettivo |
|---|---|
| 1. Abruzzo | |
| 2. Basilicata | lucano |
| 3. Calabria | |
| 4. Campania | |
| 5. Emilia-Romagna | emiliano (Emilia); romagnolo (Romagna) |
| 6. Friuli-Venezia Giulia | friulano (Friuli); giuliano (Venezia Giulia) |
| 7. Lazio | |
| 8. Liguria | |
| 9. Lombardia | |
| 10. Marche | marchigiano |
| 11. Molise | |
| 12. Piemonte | |
| 13. Puglia | |
| 14. Sicilia | |
| 15. Sardegna | |
| 16. Toscana | |
| 17. Trentino-Alto Adige | trentino (Trentino); altoatesino (Alto Adige) |
| 18. Umbria | |
| 19. Valle d'Aosta | valdostano |
| 20. Veneto | |

3. *In questo testo ci sono 3 aggettivi sbagliati. Quali sono?*

Luca è un ventennale. Studia matematica e da giugno a settembre fa un lavoro stagionale, in un bar del centro. Luca è pugliese. Vive a Manduria, un piccolo paese di mare che nella stagione estile si riempie di cittadini che arrivano in vacanza, per questo c'è sempre bisogno di ragazzi che lavorino nei ristoranti, negli stabilimenti balneari e nei bar. Il lavoro gli piace, anche se il turno notturno può essere un po' faticoso; il bar infatti chiude alle 3 del mattino e qualche volta Luca è così stanco che il giorno dopo dorme fino a mezzogiorno. Il turno mattutino è più tranquillo, Luca passa tutto il tempo a preparare cappuccini e caffè e alle 2 è già pronto e può andare al mare con gli amici. Lo stipendio mensivo non è molto alto ma con le mance si fa qualche soldo in più e ci si può organizzare un bel viaggio autunnale.

4. *Forma degli aggettivi con le parole della lista e completa le frasi. I suffissi utilizzabili sono* ***-ese***, ***-oso***, ***-enne***, ***-ario***, ***-ivo***, ***-ale***. *Attenzione al maschile e al femminile!*

**abitudine - Bologna - festa - mente - paura - settimana - studio - venti**

1. La Settimana Enigmistica è una rivista __________________, esce ogni giovedì.
2. Paolo è __________________, ma vive a Roma.
3. I __________________ di oggi non sono interessati alla politica.
4. Marco è un __________________, fa sempre le stesse cose alla stessa ora!
5. Ad Anna non piacciono i film horror perché è una ragazza molto __________________.
6. Quel famoso pittore aveva problemi __________________ ed è morto in una clinica psichiatrica.
7. A Carnevale a Venezia c'è un'atmosfera __________________, tutti ballano e si divertono.
8. Stefano è molto __________________ e a scuola prende ottimi voti.

# Appunti

# 5 Nomi con plurale irregolare

*vedi anche sezione Lessico: 6 es. 1a, 6 es. 1b, 12 es. 2*

- *In italiano alcuni nomi hanno il plurale uguale al singolare. Ecco alcuni esempi:*

In questa **città** ci sono problemi di criminalità.
Nelle grandi **città** italiane ci sono problemi di criminalità.

*a) i nomi che finiscono con una **vocale accentata**;*

L'ultimo **film** di Benigni è bellissimo.
Non mi piacciono molto i **film** d'amore.
Questa sera c'è un **quiz** alla tv.
Alla televisione italiana ci sono sempre molti **quiz**.

*b) i nomi che finiscono con una **consonante** (di solito parole straniere);*

Sono caduto e ho perso uno **sci**.
Ho comprato gli **sci** nuovi.

*c) i nomi **monosillabici** (con una sola sillaba);*

Quel **gorilla** si chiama Romolo.
Allo zoo ci sono molti **gorilla**.
Vicino casa mia c'è un solo **cinema**.
In città ci sono molti **cinema**.

*d) alcuni nomi maschili che finiscono in **-a**, e anche il nome **cinema** (da "cinematografo");*

Hai visto la **foto** del mio bambino?
Hai visto le **foto** del matrimonio?
Marco ha un'**auto** nuova.
A Roma c'è una mostra di **auto** sportive.

*e) alcuni nomi femminili in **-o**, per esempio le abbreviazioni come **foto**(grafia) o **auto**(mobile).*

Oggi ho mangiato un **uovo** con l'insalata.
Oggi ho mangiato due **uova** con l'insalata.
Al mercato ho comprato un **paio** di pantaloni.
Al mercato ho comprato due **paia** di pantaloni.
Al concerto c'era un **centinaio** di persone.
Al concerto c'erano molte **centinaia** di persone.

- *Alcuni nomi maschili formano il plurale in **-a** (invece che in **-i**). Questi plurali sono **femminili**.*

Marco è un **uomo** interessante.
In famiglia siamo due donne e tre **uomini**.

- *Il plurale del nome **uomo** è **uomini**.*

# Esercizi

1. *Metti al plurale le parole tra parentesi nelle frasi.*

1. Ferrara e Roma sono due *(città)* ____________.
2. Se piove così tanto dobbiamo prendere gli *(ombrello)* ____________.
3. In questo paese vivono solo poche *(migliaio)* ____________ di abitanti.
4. Ho messo in valigia molte *(paio)* ____________ di calze.
5. Per preparare questo dolce ho bisogno di 4 *(uovo)* ____________.
6. Mi piacciono molto i *(tè)* ____________ indiani.
7. In Italia ci sono molte *(radio)* ____________ locali.

2. *Quale è la forma singolare di queste parole?*

| singolare | plurale |
|---|---|
| 1. | moto |
| 2. | università |
| 3. | e-mail |
| 4. | re |
| 5. | centinaia |
| 6. | uova |
| 7. | uomini |
| 8. | auto |
| 9. | cinema |
| 10 | virtù |

# 6 Nomi con due plurali

*vedi anche sezione Lessico: 2 es. 4, 2 es. 5*



*Alcuni nomi italiani hanno due forme di plurale.*

*Molti nomi maschili che finiscono in **-o**, hanno un plurale regolare in **-i**, e un altro in **-a**, di genere femminile. Spesso i due plurali hanno significati diversi: il plurale maschile può avere un senso figurato e il plurale femminile il senso proprio.*

Voglio diventare un **membro** del club del tennis.
Nel club del tennis della mia città ci sono circa 250 **membri**.

La gamba è un **membro** del corpo.
Dopo le lezioni di judo ho sempre dolore a tutte le **membra** del corpo.

*Le parole più comuni con due plurali sono:*

***braccio:***

*a) si usa il plurale **braccia** per indicare quelle di una persona;*

Mio marito fa body building e ha le **braccia** molto muscolose.

*b) si usa il plurale **bracci** per indicare quelli di una cosa;*

Il gatto dorme sempre sui **bracci** della poltrona.

***ciglio:***

*a) si usa il plurale **ciglia** per indicare quelle di una persona;*

Laura ha delle **ciglia** lunghissime.

*b) si usa il plurale **cigli** per indicare i bordi di una strada;*

In campagna in primavera i **cigli** delle strade sono coperti di fiori.

***labbro:***

*a) si usa il plurale **labbra** per indicare quelle di una persona;*

Quell'attrice ha le **labbra** sensuali.

*b) si usa il plurale **labbri** per indicare i bordi di una ferita;*

Il dottore ha controllato i **labbri** della ferita.

***osso:***

*a) si usa il plurale **ossa** per indicare quelle di una persona;*

La signora Rossi ha un dolore alle **ossa**.

*b) si usa il plurale **ossi** per indicare molti ossi considerati separatamente;*

Ho dato gli **ossi** al cane.

Anna ha delle bellissime **dita**.

Aldo ha avuto un incidende e si è tagliato i **diti** mignoli.

***dito:***

*a) si usa il plurale **dita** per indicarle nel loro insieme;*

*b) si usa il plurale **diti** per indicare i diti considerati individualmente;*

Che belle queste **lenzuola**, dove le hai comprate?

Ti ho portato due **lenzuoli** puliti.

***lenzuolo:***

*a) si usa il plurale **lenzuola** per indicare il paio di lenzuola che si usa per il letto;*

*b) si usa il plurale **lenzuoli** per indicare due o più lenzuoli presi singolarmente;*

Le **mura** di Lucca sono ancora stabili.

I **muri** di questa casa sono molto solidi.

***muro:***

*a) si usa il plurale **mura** per indicare quelle intorno a una città;*

*b) si usa il plurale **muri** per indicare quelli di una costruzione;*

Ho un problema alle **ginocchia**.
Ho un problema ai **ginocchi**.

***ginocchio:***

*le due forme di plurale di questa parola hanno lo stesso significato.*

# Esercizi

1. *Completa le frasi con le parole della lista.*

**ciglia - i bracci - i cigli - le dita - i diti - labbra - le lenzuola - le mura - i muri - le ossa - ossi**

1. Montagnana è una bellissima cittadina in provincia di Padova. Ha ancora ____________ quasi intatte.

2. Questa mattina sono stata dal macellaio e gli ho chiesto di darmi alcuni ____________ per il cane.

3. Aldo ha ____________ lunghe, perfette per suonare il piano.

4. Mi fanno male ____________: credo di avere l'influenza.

5. ____________ della poltrona che ha comprato mia madre mi sembrano troppo grossi.

6. Luisa porta anelli a tutti e due ____________ anulari.

7. Giorgia ha una bocca sensuale, con due belle ____________ carnose.

8. Questa mattina non riuscivo ad alzarmi e quindi ho deciso di rimanere sotto ____________!

9. Stefano ha due occhi bellissimi, con ____________ lunghissime.

10. Gli appartamenti moderni hanno ____________ molto sottili: si sente tutto!

11. Quella strada ha ____________ pieni di erbe selvatiche.

2. *Scegli il plurale corretto.*

Che giornata infernale! Ieri notte ho dormito malissimo! Abito in un appartamento del centro, ***le mura/i muri*** sono sottilissimi e si sentono tutti i rumori dei vicini. Le finestre danno su una via molto trafficata e così ho sentito ***tutti i moto/tutte le moto*** e tutti ***l'autobus/gli autobus*** che sono passati dall'una alle cinque del mattino! Questa mattina poi mi sono svegliato presto perché dovevo scrivere un articolo importante, ho acceso il computer e l'ho trovato rotto. Devo comprarne uno nuovo, ma ***gli computer/i computer*** di qualità costano diverse ***migliaia/migliaie*** di euro e io adesso non li ho. Insomma, erano solo le 9 del mattino ed ero già stanco e arrabbiato. Per calmarmi ho bevuto una camomilla invece dei soliti tre caffè e ho deciso di andare a fare una passeggiata al parco. Lì ho incontrato Paolo, un mio amico sportivissimo che mi ha proposto di giocare a tennis con lui, così sono tornato a casa con dolori in tutto il corpo! Mi faceva male tutto: ***le ossa/gli ossi***, la schiena, ***le braccia/i bracci***, le gambe, persino ***le dita/i diti*** dei piedi! Ho telefonato a Laura per chiederle di farmi un massaggio ma non era in casa. Non c'è mai quando ho bisogno di lei, come tutte le donne!

# 7 Formazione dei contrari

*vedi anche sezione Lessico: 3 es. 3*

*In italiano possiamo usare alcuni prefissi per formare parole di significato opposto. I prefissi più usati sono: **dis-**, **in-**, **a-**, **s-**.*

Lucio non è onesto, anzi è proprio **disonesto**!
La **disinformazione** di Paolo è incredibile!

***dis-.***

Marco è un tipo molto **infedele**, Fabio invece è sempre stato fedele a sua moglie.

***in-.***

*Ma attenzione:*

Il tuo comportamento è **immorale**. *(in + m = im)*
Non sono contenta del lavoro dell'elettricista. È **imperfetto**. *(in + p = im)*

*a) se la parola comincia con **m-**, **b-** o **-p**, il prefisso **in-** diventa **im-**;*

Il prete ha avuto un figlio **illegittimo**. *(in + l = il)*

*b) se la parola comincia con **l-** il prefisso diventa **il-**.*

Quel gol è **irregolare**. *(in + r = ir)*

*c) se la parola comincia con **r-** il prefisso diventa **ir-**.*

Teresa dice di essere **apolitica**. *(non interessata alla politica)*

***a-.***

Vorrei un aperitivo **analcolico**. *(a + vocale = an)*

*Ma attenzione: se la parola comincia con una vocale (a, e, i, o, u) il prefisso **a-** diventa **an-**.*

Sono molto **scontenta** di questo lavoro.
C'è un odore **sgradevole** in casa.

***s-.***

# Esercizi

1. *Dopo 5 anni d'amore, Paolo ha lasciato Serena. Serena è arrabbiatissima con lui... Quello che dice Serena è incompleto, completalo tu con il contrario delle parole fra parentesi.*

Serena: "Lo odio! Quel maledetto mi ha lasciata dopo 5 anni! E mi ha anche detto che ha trovato un'altra ragazza, ma come è possibile? Chi potrebbe innamorarsi di lui? Paolo è *(sicuro)* ________________, *(sensibile)* ________________, *(ordinato)* ________________ e *(ragionevole)* ________________! Nessuna donna riuscirebbe a sopportarlo per più di una settimana! Viverci insieme poi è un incubo: è sempre *(contento)* ________________ e *(paziente)* ________________, non ci si può parlare di niente, non ha opinioni ed è sempre *(informato)* ________________. Ho sempre avuto il dubbio che fosse anche *(fedele)* ________________. Insomma dovrei essere felice di averlo perso … sigh …"

2. *Nell'esercizio 1 hai usato i prefissi* ***s-***, ***dis-*** *e* ***in-*** *(o le sue varianti ortografiche* ***im-*** *,* ***il-*** *e* ***ir-****) per formare il contrario dei nomi.*

| nome | contrario |
|---|---|
| 1. felicità | |
| 2. accordo | |
| 3. onestà | |
| 4. probabilità | |
| 5. fortuna | |
| 6. possibilità | |
| 7. regolarità | |
| 8. capacità | |
| 9. attenzione | |
| 10. razionalità | |
| 11. sufficienza | |
| 12. esperienza | |
| 13. mortalità | |
| 14. fedeltà | |
| 15. piacere | |
| 16. vantaggio | |

# 8 Parole alterate

*vedi anche sezione Lessico: 1 es. 5, 3 es. 1a, 4 es. 5, 5 es. 1a, 6 es. 5, 6 es. 7, 9 es. 9*

Marco ha una **sorellina**.
Sto leggendo un **librone** di 500 pagine.
Per favore, chiudi quella **boccaccia**!

● *In italiano si possono usare suffissi per cambiare in parte il significato delle parole. I suffissi possono essere diminutivi, accrescitivi, peggiorativi.*

● ***Diminutivi**. I suffissi con valore diminutivo sono i più comuni e hanno il significato di "piccolo". Alcuni diminutivi sono:*

Il **cucchiaino** è un cucchiaio piccolo.
La **scarpina** è una piccola scarpa.

*a)* ***-ino/-a**.*

*Attenzione. Il suffisso **-ino** ha due varianti:*

Un libro piccolo è un **libricino**.
Un topo piccolo è un **topolino**.

***-cino/-a***
***-olino/-a**;*

Vieni qui e dammi un **bacetto**.

*b)* ***-etto/-a**.*

Ho comprato una **casetta** in campagna.

*Qualche volta **-etto** ha il significato di "carino".*

In giardino ho un **alberello** fiorito.

*c)* ***-ello/-a**.*

● ***Accrescitivi**. I suffissi con valore accrescitivo hanno il significato di "grande". Il suffisso più usato è:*

Francesco è diventato un **ragazzone**. È alto 2 metri.

***-one**.*

Silvia si è comprata **un macchinone**.

*Attenzione: di solito **-one** ha un genere maschile, anche quando è usato con nomi femminili.*

Lina è un **donnone**/una **donnona.** Pesa 100 kg.

*In alcuni casi abbiamo anche la forma femminile **-ona**.*

● ***Peggiorativi**. I suffissi con valore peggiorativo danno un significato negativo alla parola. Il suffisso più usato è:*

Maurizio è un **ragazzaccio**, fa sempre il contrario di quello che dice sua madre.
Oggi è stata proprio una **giornataccia**, ho avuto moltissimi problemi.

***-accio/-a**.*

# Esercizi

1. *Cambia il significato delle parole usando il suffisso corretto, come nell'esempio. Fa' attenzione alle varianti.*

| | | | |
|---|---|---|---|
| | **una sorella più piccola** | **una sorella più grande** | **una sorella cattiva** |
| 1. sorella → | sorell**ina** | | |
| | **un libro piccolo** | **un libro grande** | **un brutto libro** |
| 2. libro → | | | |
| | **una piccola macchina** | **una macchina grande** | **una macchina brutta** |
| 3. macchina → | | | |
| | **una maglia piccola o leggera** | **una maglia pesante** | **una maglia brutta e vecchia** |
| 4. maglia → | | | |
| | **una scarpa piccola** | **una scarpa grande (o da montagna)** | **una scarpa brutta e vecchia** |
| 5. scarpa → | | | |
| | **un piccolo bosco** | **XXXXXX** | **XXXXXX** |
| 6. bosco → | | | |
| | **una donna piccola** | **una donna grande e grossa** | **una donna cattiva o poco seria** |
| 7. donna → | | | |
| | **una piccola casa** | **una casa grande** | **una casa brutta e vecchia** |
| 8. casa → | | | |

2. *Scegli il significato corretto per ogni parola.*

**1. fratellino**
a) il fratello più piccolo ❑ b) il fratello più grande ❑ c) il fratello più brutto ❑

**2. portone**
a) porta grande ❑ b) porta piccola ❑ c) porta antica ❑

**3. alberello**
a) albero molto vecchio ❑ b) albero brutto ❑ c) albero piccolo ❑

**4. cagnolino**
a) cane cattivo ❑ b) cane piccolo ❑ c) cane grande ❑

**5. tempaccio**
a) bel tempo ❑ b) brutto tempo ❑ c) tempo variabile ❑

**6. giornataccia**
a) giornata lunga ❑ c) bella giornata ❑ c) brutta giornata ❑

**7. ometto**
a) uomo piccolo ❑ b) uomo brutto ❑ c) uomo grande ❑

**8. gattino**
a) gatto grande ❑ b) gatto brutto ❑ c) gatto piccolo ❑

**9. venticello**
a) vento leggero ❑ b) vento forte ❑ c) vento caldo ❑

**10. ombrellone**
a) ombrello brutto ❑ b) ombrello piccolo ❑ c) ombrello grande da spiaggia ❑

3. *Tra i nomi nella lista, distingui i veri alterati da quelli "falsi" e spiega il significato di ognuno. Segui l'esempio e aiutati con il dizionario se non conosci le parole.*
*Es: gallina è un FALSO alterato perché NON è una piccola galla, ma un pollo femmina!*

| | | | | | |
|---|---|---|---|---|---|
| **gallina** | libretto | bambino | leoncino | bottone | filmaccio |
| scaletta | boccaccia | focaccia | mattone | mattino | finestrella |
| biscottino | cantina | bigliettino | tacchino | libraccio | cucina |
| bastone | ombrellone | cappellino | cugino | scontrino | fratello |

| veri alterati | significato |
|---|---|
| | |
| | |
| | |
| | |
| | |
| | |
| | |
| | |
| | |
| | |
| | |
| | |
| | |

| falsi alterati | significato |
|---|---|
| gallina | pollo femmina |
| | |
| | |
| | |
| | |
| | |
| | |
| | |
| | |
| | |
| | |
| | |
| | |

4. *Qui sotto hai molte espressioni italiane con nomi alterati. Associa ogni espressione al significato corretto, come nell'esempio.*

| | |
|---|---|
| **1. fare la linguaccia** | a. trovarsi in una situazione che dà un'impressione molto buona di noi |
| 2. fare l'occhiolino | b. dormire per un periodo molto breve |
| 3. fare una figuraccia | c. toccarsi i piedi sotto la tavola in segno di intesa |
| 4. fare un figurone | **d. tirare fuori la lingua in segno di disprezzo verso qualcuno** |
| 5. fare un pisolino | e. andare in un posto per rimanerci poco tempo |
| 6. fare le boccacce | f. trovarsi in una situazione imbarazzante o che non dà una buona impressione di noi |
| 7. fare piedino | g. fare delle brutte espressioni con la bocca in segno di disprezzo o disgusto |
| 8. fare una capatina | h. strizzare l'occhio a qualcuno in segno d'intesa |

# 9 Parole composte

*vedi anche sezione Lessico: 3 es. 5, 5 es. 8, 8 es. 2, 10 es. 5, 12 es. 5*

- *In italiano si possono unire due parole e formare una nuova parola, che è chiamata "parola composta". I tipi più comuni di parole composte sono:*

***un verbo + un nome***

Per togliere l'acqua dalla pasta uso lo **scolapasta**. *(scolare + pasta)*

***un aggettivo + un nome***

Tuo padre è un vero **gentiluomo**! *(gentile + uomo)*

***un nome + un aggettivo***

Anna suona molto bene il **pianoforte**. *(piano + forte)*

***un nome + un nome***

Ho comprato un nuovo **videoregistratore**. *(video + registratore)*

*Questi tipi di parole composte formano il plurale in modi diversi.*

- *Parole composte da* ***un verbo + un nome****:*

*a) normalmente, se il nome è maschile singolare, il plurale si forma facendo il plurale del nome;*

Ieri ho comprato due **tostapani**. *(tostare + pane)*

*b) se il nome è femminile singolare il plurale non cambia;*

Per la cena ho bisogno di due **scolapasta**. *(scolare + pasta)*
Ieri sono andato a vedere i prezzi delle nuove **aspirapolvere**. *(aspirare + polvere)*

*c) ma attenzione: le parole composte con il sostantivo "**-mano**" al plurale cambiano in "**-mani**";*

Ho comprato tre **asciugamani** blu. *(asciugare + mano)*

*d) se il nome è plurale, maschile o femminile, il plurale della parola composta non cambia.*

Abbiamo due **asciugacapelli**. *(asciugare + capelli)*
Le **lavastoviglie** Indesit sono molto resistenti. *(lavare + stoviglie)*

- *Parole composte da* ***un aggettivo + un nome****:*

*a) queste parole normalmente formano il plurale facendo il plurale del nome;*

Mi servono 3 **francobolli** per la Russia. *(franco + bollo)*
Sergio e Franco sono proprio due **gentiluomini**. *(gentile + uomo)*

Trovo le **mezzelune** molto pratiche per cucinare italiano. *(mezza + luna)*

*b) se il nome è femminile spesso si fa il plurale dell'aggettivo e del nome.*

● *Parole composte da* ***un nome + un aggettivo:***

In casa dei signori Ripetta ci sono due **casseforti**. *(cassa + forte)*

*a) queste parole formano il plurale facendo il plurale del nome e dell'aggettivo.*

I **pianoforti** tedeschi sono i migliori. *(piano + forte)*

*b) la parola "***pianoforte***" è un'eccezione.*

● *Parole composte* ***da un nome + un nome:***

I **videoregistratori** sono sempre più semplici da usare. *(video + registratore)*

*a) se i nomi sono dello stesso genere (es.: maschile + maschile) si mette al plurale solo il secondo nome.*

In Sicilia si pescano i **pescispada**. *(pesce + spada)*

*b) se i nomi sono di generi diversi (es.: maschile + femminile) si mette al plurale solo il primo nome.*

Sono rimasto con poche **banconote** straniere. *(banco + nota)*

*c) la parola "***banconota***" è un'eccezione.*

# Esercizi

1. *Guarda i disegni. In ognuno c'è una parola composta. Trovala e indica da cosa è formata, come nell'esempio.*
*Es.: portachiavi: portare (verbo) + chiavi (nome).*

1

— Stavo appendendo la giacca alla sedia, quando m'è scivolato sul piede il portafoglio...

2

— Ha appena telefonato il pescivendolo, caro: dice che hai dimenticato di prendere il resto...

3

4

— No, no! Se c'è qualcuno in fuorigioco, devi limitarti a segnalarmelo con la bandierina!

5

— Augusto è stato promosso caporeparto.

*2a. Associa le parole di sinistra a quelle di destra e forma una nuova parola, come nell'esempio.*

| | |
|---|---|
| **1. il porta** → | **b. chiavi** |
| 2. il tosta | a. forte |
| 3. l'aspira | c. uomo |
| 4. l'accendi | d. capelli |
| 5. il caccia | e. gas |
| 6. il porta | f. comando |
| 7. la banco | g. spada |
| 8. il video | h. registratore |
| 9. il tele | i. pane |
| 10. l'asciuga | l. nota |
| 11. il pesce | m. ombrelli |
| 12. il piano | n. vite |
| 13. il gentil | o. polvere |

*2b. Adesso forma il plurale delle parole che hai ricostruito nell'esercizio 2a, come nell'esempio.*

| singolare | plurale |
|---|---|
| 1. *il portachiavi* | |
| 2. | |
| 3. | |
| 4. | |
| 5. | |
| 6. | |
| 7. | |
| 8. | |
| 9. | |
| 10. | |
| 11. | |
| 12. | |
| 13. | |

*3. Completa le frasi con una parola composta.*

1. Per spedire una lettera devo mettere un ____________________ sulla busta.
2. Il pavimento è proprio sporco: devo passare l' ____________________.
3. Anna ha studiato musica per 15 anni e ora suona benissimo il ____________________.
4. Marco per Natale mi ha regalato un bellissimo ____________________, così finalmente riuscirò a trovare le chiavi nella borsa!
5. Dov'è l' ____________________? Non posso rimanere con i capelli bagnati!
6. Piove veramente forte. Se devi proprio andare via, prendi un ombrello. È nel ____________________ nell'ingresso.
7. L'oggetto che uso per asciugarmi la faccia e le mani si chiama ____________________.
8. Per andare all'estero è necessario avere il ____________________.
9. Oggi non mi va di lavare i piatti: li metto nella ____________________.
10. Di solito tengo le penne dentro il ____________________ sulla scrivania.

# Parole straniere

*vedi anche sezione Lessico: 2 es. 1, 5 es. 1a, 6 es. 7, 10 es. 1a, 10 es. 1b, 10 es. 3, 10 es. 5*



● *L'italiano ha preso in prestito molte parole dalle lingue straniere:*

Metto sempre lo **zucchero** nel caffè.
*(dall'indiano "sùkkar")*
I rapinatori hanno tenuto gli impiegati della banca in **ostaggio**. *(dal francese "hostage")*

*a) le parole prese in prestito anticamente sono state italianizzate completamente.*

Ci sono molti **autobus** per andare fuori città.

*b) le parole prese in prestito più recentemente invece hanno quasi sempre mantenuto la forma originaria.*

● *I prestiti provengono da lingue diverse, per esempio:*

La **Weltanschaung** di Heidegger è un argomento di lunghe discussioni.
L'esercito americano ha fatto un **blitz** in Iraq.

*a) dal tedesco abbiamo alcune parole di significato filosofico o parole relative alla guerra;*

Mi piacciono molto i **vol-au-vent**.
Vorrei comprare quel **gilet**.

*b) dal francese abbiamo molte parole che si usano in cucina e nel campo della moda;*

Oggi anche i bambini sanno usare il **computer**.
Grazie allo **scanner** posso riprodurre fotografie in un testo.

*c) dall'inglese abbiamo preso, specialmente di recente, molte parole usate nell'informatica.*

Ho visto due bei **film** la scorsa settimana.

● *I prestiti sono generalmente maschili e hanno il plurale invariato.*

● *Non tutti i prestiti però sono maschili. La parola straniera può:*

Oggi ha aperto una nuova **boutique**.
*("boutique" in francese è femminile)*

*a) mantenere lo stesso genere della lingua di origine;*

Non mi è mai piaciuta la **disco-music**.
*("music" ha genere neutro in inglese ma "musica" è femminile in italiano)*

*b) prendere il genere femminile perché la parola corrispondente in italiano è femminile.*

Mi è arrivata un'**e-mail** interessante.
Mi è arrivato un **e-mail** interessante.

● *In qualche caso i linguisti discutono sul genere di alcune parole (es.: **e-mail**).*

# Esercizi

*1. Nella lingua italiana spesso si usano parole straniere anche quando esiste un equivalente italiano. Nella colonna di sinistra hai alcune parole straniere largamente usate in italiano e nella colonna di destra hai, in disordine, gli equivalenti italiani. Collega ogni parola straniera al suo equivalente in italiano.*

| parola straniera | parola italiana |
|---|---|
| 1. hobby | a. assistente di volo |
| 2. fan | b. riunione |
| 3. manager | c. ammiratore |
| 4. hostess | d. negozio elegante |
| 5. meeting | e. posta elettronica |
| 6. week end | f. passatempo |
| 7. e-mail | g. riposo |
| 8. handicap | h. dirigente, direttore |
| 9. poster | i. amore breve |
| 10. flirt | l. manifesto |
| 11. budget | m. minorazione fisica o mentale |
| 12. boutique | n. preventivo |
| 13. relax | o. fine settimana |

*2a. In questo articolo di moda femminile, ci sono 7 parole prese in prestito da lingue straniere. Quali sono?*

Nell'aria c'è voglia di normalità per quest'estate. Non piace più la donna aggressiva, vestita con abiti sexy e sandali fetish. Gli stilisti vogliono la signora della porta accanto. Il famoso stilista Roberto Cavalli dice: "Una volta inseguivo le celebrity, oggi guardo oltre e lascio che a parlare siano i miei vestiti. Infatti, a livello di personaggi, mi guardo in giro e vedo solo starlette. Per questo ho scelto due donne assolutamente normali: Cristina Parodi e Valeria Mazza. Due mamme che lavorano."
E quale donna più normale nei suoi tratti mediterranei di Sabrina Ferilli? Il simbolo dell'estate italiana 2002 è sicuramente lei. Lo stilista Alessandro Dell'Acqua ne va pazzo e dice: "È ora di finirla con i look che vengono dall'estero. L'erba del vicino non è sempre più verde. Ma perché le italiane vogliono assomigliare alle popstar americane o inglesi? Basta con le donne tutte uguali. Mi piace Sabrina perché sa esprimere tutta la sensualità della donna mediterranea."
Alberta Ferretti preferisce una donna con una forte personalità e afferma: "Basta con le forzate del look, con le schiave omologate della griffe. Quest'estate vincerà chi saprà essere diversa da tutte le altre. Non ci vuole molto: basta tornare alla semplicità. Che da sempre è sinonimo di classe e di eleganza."

*2b. Ora scrivi ogni parola vicino al suo significato in italiano.*

| parola straniera nel testo | significato in italiano |
|---|---|
| 1. | celebrità |
| 2. | piccole stelle dello spettacolo, giovani attrici o cantanti |
| 3. | cantante famoso/a nella musica pop |
| 4. | da feticista |
| 5. | firma di famosi stilisti |
| 6. | sensuale, erotico |
| 7. | modo di vestirsi, modo di sembrare, aspetto |

# Soluzioni degli esercizi

## Sezione 1 - Lessico

**1. Informazioni personali**

E1 - 1. Simona; 2. Pavel; 3. Anja; 4. Hong Chin; 5. Farid; 6. Zahir; 7. Ulrike.

E2 - *Città*: bolognese/Bologna; napoletano/Napoli; torinese/Torino; veneziani/Venezia; romani/Roma; milanesi/Milano; fiorentini/Firenze; bolognese/Bologna; cagliaritano/Cagliari.
*Regione:* emiliano/Emilia-Romagna; siciliano/Sicilia; calabrese/Calabria; molisani/Molise; altoatesini/Alto Adige.

E3 - 1: infanzia; 2: matrimonio; 3: giovinezza; 4: vecchiaia/terza età; 5: adolescenza; 6: mezza età.

E4 -

| | | | | | | | | | | | | | | |
|---|---|---|---|---|---|---|---|---|---|---|---|---|---|---|
| | | 1 B | O | 2 L | O | G | N | E | 3 S | E | | 4 N | I | |
| 5 R | C | | | E | | | | | V | | 6 V | | | 7 M |
| O | | 8 G | | R | | 9 D | 10 A | N | I | M | A | R | 11 C | A |
| 12 M | A | R | 13 I | | 14 L | | U | | Z | | L | | 15 A | R |
| A | | 16 E | T | 17 N | A | | S | | Z | | | 18 C | | O |
| | | C | | A | | 19 P | T | | E | | 20 L | E | | C |
| 21 T | | 22 H | I | | 23 L | | R | | R | | | S | | C |
| 24 E | S | E | | | O | | 25 I | R | A | C | H | E | 26 N | O |
| D | | | 27 N | | M | | A | | | | | | O | |
| 28 E | I | 29 R | E | | B | | C | | | 30 L | | | | 31 B |
| S | | 32 U | V | I | A | N | O | | 33 M | A | R | 34 C | H | E |
| C | | S | | | R | | | | | Z | | O | | L |
| H | | 35 S | V | E | D | E | S | 36 E | | I | | 37 R | E | G |
| 38 I | 39 N | O | | | I | | | 40 N | E | O | | E | | A |
| | A | | 41 I | N | A | | | A | | | | A | | |

E5 - 1/i; 2/d; 3/s; 4/o; 5/n; 6/q; 7/h; 8/f; 9/a; 10/l; 11/c; 12/e; 13/m; 14/r; 15/b; 16/p; 17/g.

**2. Descrizione fisica**

E1 - moro, azzurri, muscoloso, lunghi, corporatura, caratteristiche, adolescenti.

E2a - 1: corporatura; 2: occhi; 3: capelli; 4: gambe; 5: altezza; 6: carnagione.

E3 - 1/d; 2/f; 3/b; 4/a; 5/c; 6/i; 7/e; 8/l; 9/h; 10/g.

E4 - 1: dita, medio, mignolo, pollice; 2: alluce; 3: gomito, ginocchio; 4: labbra; 5: tallone; 6: collo; 7: sopracciglia; 8: schiena; 9: caviglia; 10: fronte; 11: palmo; 12: guancia; 13: spalle; 14: occhi, orecchie, naso; 15: baffi.

E5 - 1: fronte; 2: naso; 3: baffi; 4: labbra; 5: barba; 6: petto; 7: braccio; 8: pancia; 9: palmo; 10: dita; 11: ginocchio; 12: caviglia; 13: alluce; 14: sopracciglia; 15: occhio; 16: orecchio; 17: guancia; 18: collo; 19: spalla; 20: schiena; 21: gomito; 22: bacino; 23: mignolo; 24: anulare; 25: medio; 26: indice; 27: pollice; 28: gamba; 29: tallone.

E6 - 1: Chiara; 2: Antonio; 3: Federica; 4: Anna; 5: Serena; 6: Paolo; 7: Felicia; 8: Isa; 9: Guido.

E7 - 1: capello; 2: orecchio; 3: mano; 4: bocca; 5: braccio; 6: occhio; 7: fronte; 8: lingua; 9: naso; 10: mani; 11: ginocchio; 12: gomito.

**3. Personalità e sentimenti**

E1a - C1; E2; B3; A4; D5.

E1b - 1: tubando come due piccioncini; 2: innamorati cotti; 3: lasciarsi; 4: stava facendo le corna; 5: con il cuore infranto; 6: il principe azzurro; 7: non ha dato corda; 8: colpo di fulmine; 9: litigare come cane e gatto; 10: due cuori e una capanna; 11: abbordare.

E2b - **Simona**: *molto*: stravagante; *abbastanza*: temeraria, giocosa, tenera; *poco*: cauta, fedele, gelosa, passionale, possessiva. **Kabir**: *molto*: cauto, fedele, geloso, tenero; *abbastanza*: temerario,

stravagante, passionale, giocoso, possessivo.
E3 - 1. scortese; 2. sgradevole; 3. insensibile; 4. inaffidabile; 5. incolto; 6. disonesto; 7. disordinato; 8. scontento; 9. infelice; 10. infedele; 11. sfortunato; 12. insicuro; 13. immorale; 14. immaturo; 15. imprudente; 16. impaziente; 17. irrazionale; 18. irragionevole.
E4 - *Mi piace*: adorare, amare, ammirare, andare pazzo per, apprezzare, desiderare, essere appassionato di, interessarsi a, perdere la testa per, preferire, prendere una cotta per, stimare, volere bene a. *Non mi piace*: detestare, disamorarsi, disprezzare, non poter soffrire, non sopportare, non tollerare, odiare, rifiutare.
E5 - 1/c; 2/g; 3/f; 4/b; 5/d; 6/a; 7/e.

## 4. La famiglia

E1 - sposata, figlio, ex convivente, genitori, madre, padre, moglie, padre, matrigna, figlio unico, parenti, zii, cugini, nonni, zio, fratello, padre, sposato, scapolo.
E2 -

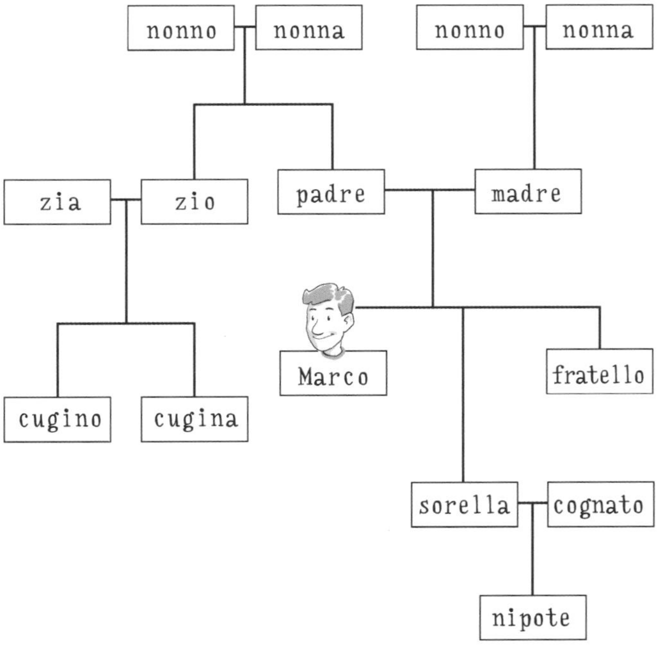


E3 - 1: a; 2: b; 3: a; 4: c; 5: c; 6: b; 7: a; 8: b; 9: b; 10: a.
E4 -

| | | | | | | | | | | | |
|---|---|---|---|---|---|---|---|---|---|---|---|
| C | O | N | V | I | V | E | N | T | E | N | O |
| C | L | P | A | O | Z | I | O | I | R | S | R |
| Y | O | E | T | N | E | R | A | P | C | O | T |
| W | P | L | C | O | N | I | U | G | E | F | S |
| A | A | V | I | C | Q | R | M | I | L | V | A |
| O | C | I | N | U | O | I | L | G | I | F | I |
| L | S | O | M | S | A | D | T | S | V | M | L |
| P | R | I | M | O | G | E | N | I | T | O | G |
| W | A | N | G | I | R | T | A | M | B | D | I |
| G | E | N | I | T | O | R | E | W | A | X | F |

1: coniuge; 2: convivente; 3: figliastro; 4: figlio unico; 5: parente; 6: matrigna; 7: zio; 8. genitore; 9. scapolo; 10: primogenito.
E5 -

| | | | | | | | | | | | | | | |
|---|---|---|---|---|---|---|---|---|---|---|---|---|---|---|
| 1 I | | 2 D | 3 I | | 4 F | 5 I | D | 6 A | 7 N | Z | A | T | 8 A | |
| L | | 9 I | L | M | I | O | | 10 T | U | | | | 11 G | I |
| M | | V | | | D | | 12 Z | I | O | | 13 S | I | G | |
| 14 I | N | O | | | | 15 P | | | 16 R | Z | O | | | |
| O | | 17 R | E | | 18 M | A | 19 M | 20 M | A | | 21 N | 22 A | | 23 B |
| | | Z | | 24 C | I | R | C | A | | 25 N | O | N | N | A |
| | 26 N | I | P | O | T | E | | G | | O | | N | | B |
| 27 Z | I | O | | 28 N | O | N | | 29 G | E | N | 30 T | O | | B |
| | | | | | | T | | I | | | E | | 31 S | O |
| 32 V | 33 A | L | E | 34 N | 35 T | I | N | O | | | | 36 S | I | |
| | M | | | 37 A | U | | | R | | 38 U | | E | | 39 D |
| 40 M | A | R | 41 I | T | O | | 42 M | E | | N | | 43 P | I | U |
| 44 I | N | | 45 L | O | | | E | | 46 D | I | | A | | E |
| | 47 T | 48 U | | | 49 N | | 50 S | U | O | C | E | R | O | |
| 51 G | E | N | I | T | O | R | I | | | O | | | | |

## 5. Vestiti e colori

E1a - stilista, giacca, vita, lana, gonne, righe, stivali, vinaccia, trasparenti, marrone, tinte.
E1b - a/4; b/3; c/10; d/6; e/1; f/8; g/11; h/9; i/2; l/5; m/7.
E2 - 1: a tinta unita; 2: a maniche lunghe; 3: a maniche corte; 4: a righe; 5: senza maniche; 6: a quadretti; 7: a fiori; 8: fantasia; 9: a collo alto.
E3 - 1: impermeabile; 2: lana; 3: cintura; 4: guanti; 5: cravatta; 6: sciarpa; 7: borsa.

E4a -

| | | | | | | | | | | | | | | |
|---|---|---|---|---|---|---|---|---|---|---|---|---|---|---|
| A | R | A | N | Y | E | V | X | L | Z | L | X | P | E | G |
| J | J | K | J | P | O | E | E | J | Q | Z | V | A | D | S |
| A | K | E | R | Q | K | L | K | S | P | N | T | N | N | T |
| M | T | A | C | U | C | I | Q | N | T | T | H | T | A | I |
| U | C | T | F | B | N | B | C | Y | E | I | F | O | T | V |
| S | D | P | A | I | Q | A | O | C | Z | A | T | F | U | A |
| U | W | B | Z | V | P | E | I | W | I | G | D | O | M | L |
| K | R | L | P | P | A | M | C | O | K | G | Z | L | E | I |
| T | A | N | O | G | A | R | E | G | G | I | S | E | N | O |
| C | G | T | D | C | S | E | C | L | I | E | F | E | O | G |
| C | T | M | V | W | B | P | G | I | A | C | C | A | I | J |
| O | Z | Z | G | R | A | M | A | I | G | I | P | U | L | V |
| J | P | P | Z | S | C | I | A | R | P | A | H | S | G | T |
| O | L | L | E | P | P | A | C | H | E | B | C | D | A | J |
| R | T | X | E | B | F | W | L | E | T | D | J | M | M | W |

E4b - *tutto il corpo*: cappotto, impermeabile, pigiama, vestito; *parte superiore*: camicetta, cappello, cravatta, giacca, maglione, reggiseno, sciarpa; *parte inferiore*: calzini, mutande, pantofole, scarpe, stivali.

E5 - 1: le scarpe da ginnastica; 2: i tacchi a spillo; 3: le scarpe con i lacci; 4: i mocassini; 5: le pantofole; 6: le ciabatte da mare; 7: gli stivali.

E6 -

| | | | | | | | | | | | |
|---|---|---|---|---|---|---|---|---|---|---|---|
| ■ | 1 B | 2 I | 3 A | N | 4 C | O | ■ | 5 P | ■ | ■ | ■ |
| 6 C | I | E | L | ■ | H | ■ | 7 F | R | 8 A | ■ | 9 M |
| I | ■ | R | ■ | ■ | 10 I | N | ■ | ■ | 11 Z | 12 I | A |
| ■ | 13 V | I | O | 14 L | A | ■ | 15 B | 16 A | Z | A | R |
| 17 T | E | ■ | ■ | 18 E | R | ■ | 19 B | L | U | ■ | R |
| 20 G | R | 21 I | 22 G | I | O | ■ | ■ | ■ | 23 R | I | O |
| ■ | 24 D | E | I | ■ | ■ | ■ | 25 S | ■ | R | ■ | N |
| 26 S | E | ■ | 27 A | 28 R | A | 29 N | C | I | O | 30 N | E |
| I | ■ | ■ | 31 L | E | ■ | 32 E | I | ■ | ■ | O | ■ |
| ■ | 33 S | 34 U | L | ■ | ■ | 35 R | O | 36 S | A | ■ | 37 S |
| 38 D | ■ | 39 R | O | 40 S | 41 S | O | ■ | E | ■ | 42 E | U |
| 43 O | R | O | ■ | 44 I | O | ■ | 45 T | I | N | T | A |

E7 - 1: nero; 2: bianca; 3: rossa; 4: rosso; 5: rosso; 6: gialli; 7: rosa, nero; 8: verde; 9: verde; 10: bianca; 11: rosa.

E8 - a: 5; b: 1; c: 11; d: 12; e: 8; f: 4; g: 2; h: 7; i: 10; l: 9; m: 6; n: 3.

## 6. Istruzione e lavoro

E1a - materna, elementare, nell'aula, maestre, media, classe, i compiti, superiore, il liceo, pagella, voto, materie, interrogazione, private, maturità.

E1b - 1: materna, elementare, media, superiore; 2: maestri, professori; 3: aule; 4: classe; 5: materie; 6: esame *di* maturità.

E2b - 1: matricola; 2: ateneo; 3: studente fuori corso; 4: disciplina; 5: piano di studi; 6: tesi; 7: laurea; 8: dottore; 9: docenti.

E3a - 1: segretaria, 2: assistente sociale, 3: grafico, 4: contabile.

E3b - 1: sede; 2: dati anagrafici; 3: presenza; 4: inviare; 5: recapito telefonico; 6: significativa; 7: entro e non oltre.

E4 - 1: anagrafici, diploma, laurea, tesi, professionale, professionali, conoscenza, informatiche, disponibilità.

E5 - datore, in ritardo, referenze, convocazione, del posto, assunto, Lei, sullo stipendio.

E7 - 1: fax; 2: scanner; 3: schermo; 4: mouse; 5: stampante; 6: altoparlanti; 7: tastiera; 8: microfono; 9: pulsante; 10: DVD; 11: disco rigido; 12: CD-ROM; 13: tappetino del mouse; 14: dischetto.

E8 -

| | | | | | | | | | | | | | | |
|---|---|---|---|---|---|---|---|---|---|---|---|---|---|---|
| 1 S | ■ | 2 S | E | 3 G | 4 R | 5 E | 6 T | A | 7 R | 8 I | 9 A | ■ | 10 P | 11 M |
| 12 U | 13 S | I | ■ | 14 M | E | S | E | ■ | 15 A | T | T | O | R | E |
| ■ | S | ■ | 16 C | ■ | G | ■ | 17 S | 18 C | ■ | ■ | O | ■ | ■ | C |
| 19 C | A | R | A | B | I | N | I | E | R | 20 E | ■ | 21 O | ■ | C |
| O | ■ | ■ | I | ■ | S | ■ | ■ | L | ■ | L | ■ | 22 P | R | A |
| L | ■ | 23 C | O | 24 N | T | A | B | I | L | E | ■ | E | ■ | N |
| 25 L | L | O | ■ | 26 O | A | ■ | ■ | B | ■ | T | ■ | 27 R | A | I |
| E | ■ | M | ■ | T | ■ | 28 M | 29 A | E | S | T | R | A | ■ | C |
| 30 G | O | M | M | A | ■ | 31 U | N | ■ | ■ | R | ■ | 32 I | N | O |
| H | ■ | E | ■ | 33 I | 34 D | R | A | 35 U | L | I | C | O | ■ | ■ |
| I | ■ | 36 S | U | O | R | A | ■ | N | ■ | C | ■ | ■ | 37 D | A |
| ■ | 38 V | S | ■ | ■ | ■ | 39 T | U | ■ | 40 M | I | E | 41 R | A | ■ |
| 42 F | I | O | 43 R | A | I | O | ■ | 44 D | I | S | ■ | A | ■ | 45 B |
| 46 U | N | ■ | E | ■ | ■ | R | ■ | U | ■ | 47 T | R | I | 48 C | E |
| ■ | O | ■ | ■ | 49 P | R | E | T | E | ■ | A | ■ | ■ | 50 I | N |

**7. Il tempo**

E1- mesi, invernali, estivi, autunnali, carnevale, la primavera, l'estate, natale, freddo, caldo, caldissimo, fresco.
E2 - 1: Capodanno; 2: Epifania; 3: Carnevale; 4: donna; 5: Pasqua; 6: Liberazione; 7: lavoratori; 8: Ferragosto; 9: Natale.
E3 - 1: indietro; 2: in anticipo; 3: all'alba; 4: da mattina a sera; 5: in ritardo; 6: avanti; 7: in punto; 8: tardi.
E4 -

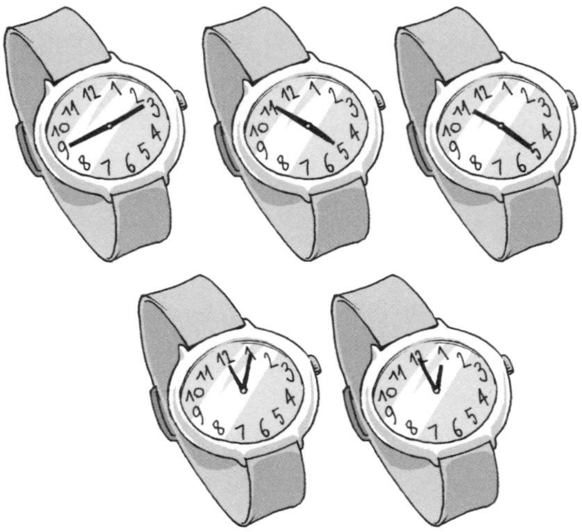

E5 - 1/e; 2/g; 3/f, 4/l; 5/a, 6/d; 7/c; 8/m; 9/b; 10/h; 11/q; 12/p; 13/i; 14/o; 15/n.
E6 - 1: mattutino; 2: pomeridiano; 3: serale; 4: notturno; 5: annuale; 6: settimanale; 7: mensile; 8: temporale; 9: stagionale; 10: orario.

**8. La casa**

E1 - 1: attico; 2; villa; 3: villetta a schiera; 4: mansarda; 5: appartamento; 6: seminterrato; 7: monolocale; 8: palazzo.
E2 - *Bagno*: 1: bidet, 2: asciugacapelli, 3: rubinetto, 4: lavandino, 5: vasca, 6: doccia.
*Cucina*: 1: fornello, 2: forno, 3: rubinetto, 4: lavello, 5: posate, 6: lavastoviglie, 7: frigorifero.
*Camera*: 1: letto, 2: lampada, 3: comodino, 4: coperta, 5: armadio.
*Studio*: 1: computer, 2: scrivania, 3: portapenne; 4: cestino, 5: libreria. *Sala*: 1: tavolo 2: divano, 3: poltrona, 4: pianta, 5: videoregistratore.
E3 - 1/d; 2/a; 3/f; 4/b; 5/h; 6/c; 7/l; 8/m; 9/o; 10/e; 11/i; 12/g; 13/n.
E4 - 1: cameretta; 2: doppi servizi; 3: locali; 4: ottimo stato; 5: climatizzazione; 6: ampio; 7: condominiale; 8: in costruzione; 9: a due passi dal; 10: padronale.
E5 - 1: comprare; 2: chiedere un mutuo; 3: prendere in affitto; 4: trasloco; 5: imbiancare; 6: arredare; 7: fare le pulizie; 8: spolverare; 9: passare l'aspirapolvere; 10: passare lo straccio; 11: allarme; 12: garage; 13: soffitta, cantina.
E6 - 1/c; 2/e; 3/f; 4/b; 5/i; 6/h; 7/a; 8/l; 9/d; 10/g.

**9. Mangiare e bere**

E1a - cena, cenetta intima, cucinare, tagliare, ricette afrodisiache, gli antipasti, primo, secondo, contorno, dessert, goloso.
E1b - a/5; b/4; c/8; d/9; e/1; f/2; g/3; h/6; i/7.
E2 - *Antipasti*: affettati misti, bruschetta, crostini, prosciutto e melone. *Primi*: cannelloni, gnocchi, lasagne, maccheroni, minestra, polenta, spaghetti, tortellini, zuppa. *Secondi*: aragosta, bistecca, cotoletta, fegato, involtini, pesce, pollo, tacchino. *Contorni*: asparagi, cicoria, melanzane, patate, peperonata, spinaci. *Dessert*: frutta di stagione, gelato, macedonia, panna cotta, tiramisù, torta della nonna.
E3 - 1: affettare; 2: salare; 3: infarinare; 4: friggere; 5: grattugiare.
E4 - *modi di preparare il cibo*: aggiungere, condire, mescolare, pelare, salare, sbucciare, tagliare, tritare; *modi di cuocere il cibo*: bollire, rosolare, soffriggere, tostare; *contenitori*: barattolo, bicchiere, bottiglia, bustina, pacco, scatoletta, tubetto; *quantità*: ciuffo, etto, goccio, grammo, litro, pezzo, pizzico, spicchio.
E5 - 1/d; 2/a; 3/f; 4/h; 5/b; 6/i; 7/c; 8/g; 9/e.

E6 - *1. Acqua*: frizzante, naturale, liscia. *2. Caffè*: zuccherato, amaro, ristretto. *3. Formaggio*: fresco, rancido, piccante, stagionato. *4. Latte*: acido, scremato, fresco, intero. *5. Limone*: aspro, marcio, acerbo, maturo. *6. Mela*: marcia, acerba, matura. *7. Pane*: fresco, raffermo. *8. Pasta*: scotta, al dente.
E7 - 1/f; 2/d; 3/a; 4/e; 5/l; 6/b; 7/i; 8/g; 9/m; 10/c; 11/h.
E8 - *Per il ragù*: carne, prosciutto, olio, vino, pepe. *Per farcire*: parmigiano, besciamella. *Esecuzione*: cipolla, fuoco, vino, pomodoro, ragù, forno.
E9 - a: prosciutto; b: tonno; c: coca cola; d: maionese; e: pane; f: formaggio; g: vino; h: cioccolata; i: pasta; l: sottaceti; m: aglio.
E10 - 1: coltello; 2: cucchiaio; 3: pentola; 4: scolapasta; 5: forchetta; 6: padella; 7: tazza; 8: vassoio.
E11 - 1: pizza; 2: mozzarella; 3: peperone; 4: prezzemolo; 5: carciofo; 6: birra; 7: olio; 8: rapa; 9: pesce; 10: finocchio; 11: pane; 12: cavolo.

## 10. Luoghi e trasporti

E1b - 1: trekking; 2: week-end; 3: mountain bike; 4: relax.
E1c - 1/g; 2/e; 3/a; 4/h; 5/f; 6/b; 7/c; 8/d.
E2 - *Mare*: costume da bagno, duna, immersione, ombrellone, onda, sabbia, sedia a sdraio, spiaggia. *Montagna*: cima, discesa, giacca a vento, neve, roccia, ruscello, salita, scarponi, sentiero, vetta.
E3 - 1: collina; 2: valle; 3: fiume; 4: ponte; 5: sentiero; 6: laghetto; 7: bosco; 8: recinto; 9: campo.
E4 - a: 3; b: 5; c: 2; d: 10; e: 1; f: 9; g: 8; h: 7; i: 4; l: 6.
E5 - *macchina*: cintura di sicurezza, targa; *autobus*: capolinea, conducente, controllore, fermata; *treno*: binario, controllore, cuccetta, fermata, macchinista, stazione, vagone letto; *aereo*: aeroporto, cabina di pilotaggio, carta d'imbarco, cintura di sicurezza, hostess, pilota, steward; *nave*: cabina, capitano, carta d'imbarco, cuccetta, marinaio, ponte, porto.

## 11. Tempo atmosferico

E1 - pioggia, sereno, cielo, arcobaleno, sole, temporale, tempesta.
E2 - 1: tira vento; 2: c'è il sole; 3: nevica; 4: c'è la nebbia; 5: fa caldo; 6: grandina; 7: è nuvoloso; 8: fa freddo; 9: piove.
E3 - nevicare, piovere, sereno, nuvola, soffiare, tuoni.
E4 - 1: catinelle; 2: cane; 3: coltello; 4: pietre; 5: pecorelle.

## 12. Acquisti

E1a - al verde, bollette, carta, rosso, saldi, costoso, salati, affare, usati, buon mercato, occhio della testa, spendacciona.
E1b - a/7; b/9; c/11; d/4 (oppure d/10); e/10 (oppure e/4); f/2; g/8; h/12; i/6; l/1; m/3; n/5.
E2 - 1: etti, dozzina; 2: numero; 3: taglia; 4: chilo, meloni; 5: commissione.
E3 - 1: acqua, olio, pane, pasta, prosciutto; 2: frutta, verdura; 3: francobolli, sigarette; 4: pesce; 5: scarpe, stivali; 6: penna, quaderno; 7: giornale, rivista; 8: carne; 9: libri; 10: profumo; 11: medicine; 12: fiori; 13: camicia, gonna, pantaloni.
E4 - 1: biblioteca; 2: discoteca; 3: agenzia di viaggi; 4: stadio; 5: piscina; 6: questura; 7: pronto soccorso; 8: museo; 9: cinema; 10: bar; 11: birreria; 12: teatro; 13: ufficio turistico; 14: stazione; 15: aeroporto; 16: banca; 17: ambasciata; 18: chiesa; 19: libreria.
E5 -

| | | | | | | | | | | | | | | |
|---|---|---|---|---|---|---|---|---|---|---|---|---|---|---|
| 1 F | ■ | 2 B | U | 3 C | A | 4 T | 5 E | ■ | 6 C | O | N | 7 T | O | ■ |
| 8 O | 9 S | O | ■ | A | ■ | 10 E | S | 11 S | I | ■ | ■ | A | ■ | 12 M |
| 13 G | I | R | 14 A | R | 15 E | ■ | 16 C | O | N | T | 17 A | N | T | I |
| L | ■ | 18 S | C | O | N | 19 T | O | ■ | T | ■ | 20 L | T | ■ | A |
| 21 I | 22 N | A | ■ | ■ | ■ | R | ■ | 23 T | A | 24 G | L | I | 25 A | ■ |
| ■ | U | ■ | ■ | 26 S | 27 P | E | S | A | ■ | A | ■ | ■ | S | ■ |
| ■ | 28 M | O | 29 D | ■ | 30 I | N | ■ | S | ■ | 31 S | 32 C | U | S | I |
| 33 S | E | ■ | 34 A | 35 V | ■ | 36 T | E | C | 37 A | ■ | O | ■ | E | ■ |
| ■ | R | ■ | 38 R | E | ■ | A | ■ | 39 H | A | ■ | M | ■ | 40 G | 41 I |
| 42 M | O | 43 N | E | T | 44 E | ■ | ■ | E | ■ | ■ | 45 M | E | N | O |
| E | ■ | O | ■ | 46 R | U | ■ | 47 S | ■ | 48 P | R | E | ■ | O | ■ |
| 49 D | 50 O | ■ | 51 F | I | R | M | A | T | O | ■ | 52 S | 53 E | ■ | ■ |
| 54 I | R | 55 A | ■ | 56 N | O | ■ | L | ■ | 57 R | 58 E | S | T | 59 O | ■ |
| 60 C | A | S | 61 S | A | ■ | ■ | D | ■ | 62 T | E | A | T | R | O |
| O | ■ | ■ | A | ■ | ■ | 63 F | I | L | A | ■ | ■ | 64 O | O | ■ |

### 13. Animali

E1 - uccelli, cani, gatti, pesci, rane, topi, scimmie, tartarughe, pappagallo.
E2 - 1: cervo; 2: maiale; 3: volpe; 4: cinghiale; 5: gabbiano; 6: aquila; 7: lepre; 8: lupo; 9: asino; 10: vipera; 11: capra; 12: acciuga; 13: tonno; 14: foca; 15: pecora.
E3 - 1: baffi; 1: muso; 3: coda; 4: pelo; 5: zampe.
E4 - 1/c; 2/d; 3/a (anche 3/g); 4/f; 5/b, (anche 5/l); 6/f; 7/d; 8/i; 9/e; 10/h.
E5 - 1: cane; 2: volpe; 3: leone; 4: gatto; 5: bue; 6: serpente; 7: talpa; 8: lumaca; 9: oca; 10: toro; 11: cavallo; 12: mulo.
E6 -

## Sezione 2 - Grammatica

### 1. Formazione dei nomi

E1a - 1/c; 2/e; 3/g; 4/h; 5/d; 6/i; 7/b; 8/f; 9/a.
E1b - 1: panettiera; 2: analista; 3: scultrice; 4: dottoressa; 5: allevatrice; 6: macellaia; 7: farmacista; 8: benzinaia; 9: libraia.
E1c - 1: panetteria; 2: macelleria; 3: farmacia; 4: libreria.
E2 - 1: giovin**ezza**; 2: sicur**ezza**; 3: bass**ezza**; 4: originali**tà**; 5: bell**ezza**; 6: alt**ezza**; 7: banali**tà**; 8: liber**tà**; 9: ones**tà**; 10: ser**ietà**.

### 2. Maschile e femminile dei nomi

E1 - 1/e; 2/h; 3/b *("professora" è sbagliato; il femminile corretto è: "professoressa")*; 4/l; 5/a; 6/i; 7/m; 8/n; 9/c; 10/f; 11/o; 12/d; 13/g *("fratella" è sbagliato, il femminile corretto è: "sorella")*.
E2 - 1: infermiere; 2: scrittore; 3: giornalista; 4: psicologo; 5: cantante; 6: attore; 7: commesso; 8: traduttore; 9: musicista; 10: impiegato.
E3 - 1: nonna; 2: figlia; 3: nipote; 4: cugina; 5: zia; 6: suocera; 7: nuora; 8: cognata.

### 3. Nomi geografici

E1 - (possibili risposte) *Africa*: calda, grande, popolata, povera; *Verona*: artistica, europea, fredda, italiana, occidentale, piccola, settentrionale; *Lazio*: artistico, boscoso, caldo, centrale, europeo, italiano; *Capri*: calda, europea, italiana, mite, piccola, ricca; *Belgio*: bilingue, europeo, freddo, nevoso, occidentale, piccolo, popolato, ricco, straniero, settentrionale; *Umbria*: artistica, boscosa, calda, centrale, europea, italiana, nevosa, occidentale, piccola, verde; *Germania*: artistica, boscosa, centrale, europea, fredda, grande, nevosa, occidentale, ricca, settentrionale, straniera.
E2 - 1: *sbagliato*: **il** Grecia (*corretto*: **la** Grecia); 2: *sbagliato*: **La** Veneto (*corretto*: **Il** Veneto).
E3 - 1: b; 2: c; 3: c; 4: c; 5: b; 6: c.

### 4. Formazione degli aggettivi

E1 - *-ano*: australiano, brasiliano, indiano, napoletano, peruviano, veneziano; *-ese*: barese, calabrese, ferrarese, francese, genovese, islandese,

livornese, milanese, portoghese, senegalese, torinese; *-ino*: fiorentino, marocchino, parigino, triestino; *-iaco, -co*: austriaco.
E2 - 1: abruzzese; 2: lucano; 3: calabrese; 4: campano; 5: emiliano, romagnolo; 6: friulano, giuliano; 7: laziale; 8: ligure; 9: lombardo; 10: marchigiano; 11: molisano; 12: piemontese; 13: pugliese; 14: siciliano; 15: sardo; 16: toscano; 17: trentino, altoatesino; 18: umbro; 19: valdostano; 20: veneto.
E3 - 1: *sbagliato*: **ventennale** (*corretto*: **ventenne**), 2. *sbagliato*: **estile** (*corretto*: **estiva**), 3. *sbagliato*: **mensivo** (*corretto*: **mensile**).
E4 - 1: settimanale; 2: bolognese; 3: ventenni; 4: abitudinario; 5: paurosa; 6: mentali; 7: festosa; 8: studioso.

### 5. Nomi con plurale irregolare

E1 - 1: città; 2: ombrelli; 3: migliaia; 4: paia; 5: uova; 6: tè; 7: radio.
E2 - 1: moto; 2: università; 3: e-mail; 4: re; 5: centinaio; 6: uovo; 7: uomo; 8: auto; 9: cinema; 10: virtù.

### 6. Nomi con due plurali

E1 - 1: le mura; 2: ossi; 3: le dita; 4: le ossa; 5: i bracci; 6: i diti; 7: labbra; 8: le lenzuola; 9: ciglia; 10: i muri; 11: i cigli.
E2 - i muri, tutte le moto, gli autobus, i computer, migliaia, le ossa, le braccia, le dita.

### 7. Formazione dei contrari

E1 - insicuro, insensibile, disordinato, irragionevole, scontento, impaziente, disinformato, infedele.
E2 - 1: infelicità; 2: disaccordo; 3: disonestà; 4: improbabilità; 5: sfortuna; 6: impossibilità; 7: irregolarità; 8: incapacità; 9: disattenzione; 10: irrazionalità; 11: insufficienza; 12: inesperienza; 13: immortalità; 14: infedeltà; 15: dispiacere; 16: svantaggio.

### 8. Parole alterate

E1 - 1: sorellina, sorellona, sorellaccia; 2: libricino, librone, libraccio; 3: macchinina, macchinone/macchinona, macchinaccia; 4: maglina/maglietta, maglione, magliaccia; 5: scarpina/scarpetta, scarpone, scarpaccia; 6: boschetto; 7: donnina/donnetta, donnone/donnona, donnaccia; 8: casetta/casina, casone, casaccia.
E2 - 1: a; 2: a; 3: c; 4: b; 5: b; 6: c; 7: a; 8: c; 9: a; 10: c.
E3 - *veri alterati*: libretto (un piccolo libro); leoncino (un cucciolo di leone); filmaccio (un brutto film); scaletta (una scala piccola); boccaccia (una brutta smorfia fatta con la bocca); finestrella (una piccola finestra); biscottino (un piccolo biscotto); bigliettino (un piccolo biglietto); libraccio (un brutto libro); ombrellone (un grande ombrello da spiaggia); cappellino (un piccolo cappello);
*falsi alterati*: gallina (un pollo femmina); bambino (un uomo giovane, che ha meno di 8 anni); bottone (si usa per chiudere i vestiti); focaccia (un tipo di pane salato e piatto); mattone (si usa per costruire i muri); mattino (il periodo iniziale del giorno); cantina (la stanza della casa in cui si tengono i vini); tacchino (un animale da cortile simile al pollo); cucina (la stanza della casa in cui prepara da mangiare); bastone (un lungo pezzo di legno che si usa per camminare); cugino (il figlio degli zii); scontrino (la ricevuta che ci danno quando compriamo qualcosa); fratello: il figlio di mio padre e mia madre.
E4 - 1/d; 2/h; 3/f; 4/a; 5/b; 6/g; 7/c; 8/e.

### 9. Parole composte

E1 - 1. portafoglio: portare (verbo) + foglio (nome).
2. pescivendolo: pesci (nome) + vendere (verbo);
3. pallacanestro: palla (nome) + canestro (nome);
4. fuorigioco: fuori (avverbio) + gioco (nome);
5. caporeparto: capo (nome) + reparto (nome);

E2a - 1/b; 2/i; 3/o; 4/e; 5/n; 6/m; 7/l; 8/h; 9/f; 10/d; 11/g; 12/a; 13/c.
E2b - 1: i portachiavi; 2: i tostapane; 3: gli aspirapolvere; 4: gli accendigas; 5: i cacciavite; 6: i portaombrelli; 7: le banconote; 8: i videoregistratori; 9: i telecomandi; 10: gli asciugacapelli; 11: i pescispada; 12: i pianoforti; 13: i gentiluomini.
E3 - 1: francobollo; 2: aspirapolvere; 3: pianoforte; 4: portachiavi; 5: asciugacapelli; 6: portaombrelli; 7: asciugamano; 8: passaporto; 9: lavastoviglie; 10: portapenne.

**10. Parole straniere**
E1 - 1/f; 2/c; 3/h; 4/a; 5/b; 6/o; 7/e; 8/m; 9/l; 10/i; 11/n; 12/d; 13/g.
E2a - sexy, fetish, celebrity, starlette, look, popstar, griffe.
E2b - 1: celebrity; 2: starlette; 3: popstar; 4: fetish; 5: griffe; 6: sexy; 7: look.

## Alma Edizioni
### Italiano per stranieri

Questi 3 volumi di **Parole crociate** presentano un modo facile e divertente per imparare le parole di base della lingua italiana e per esercitare il lessico e la grammatica.

Ogni parola crociata utilizza solo le parole italiane più frequenti ed utili e si riferisce ad un tema particolare (la casa, la città, la famiglia, il lavoro, il mangiare e il bere, il tempo libero, la politica, la religione, ecc.). Ma ci sono anche parole crociate di argomento più generale, puzzle ed altri giochi linguistici.

Per studenti di livello elementare, intermedio e avanzato. Sono incluse le soluzioni.

## Alma Edizioni
### Italiano per stranieri

**I pronomi italiani** è un libro che unisce la chiarezza e la sistematicità della grammatica con l'utilità pratica dell'eserciziario.

Più di cento esercizi, giochi, attività e decine di schede per spiegare l'uso dei pronomi nella lingua italiana.

Per studenti di livello elementare, intermedio e avanzato.
Sono incluse le soluzioni.

**Le preposizioni italiane** è un eserciziario facile e completo, interamente dedicato allo studio delle preposizioni italiane.

Attraverso una serie di percorsi didattici moderni, funzionali e divertenti, il libro offre agli studenti l'opportunità di capire il senso e la ragione dell'uso delle singole preposizioni e la possibilità di esprimersi correttamente.

Per studenti di livello elementare, intermedio e avanzato.
Sono incluse le soluzioni.

## Alma Edizioni
### Italiano per stranieri

La **Grammatica pratica della lingua italiana** permette di esercitare la grammatica in modo completo ed efficace.

Presenta centinaia di esercizi, quiz, giochi, schede grammaticali chiare ed essenziali e degli utili test a punti che aiutano lo studente a verificare il livello di conoscenza della lingua.

Adatto a tutti gli studenti dal principiante all'avanzato. Sono incluse le soluzioni.

**I verbi italiani** è un eserciziario interamente dedicato allo studio dei verbi italiani.

Tramite schede chiare ed essenziali ed esercizi vari e stimolanti, lo studente viene guidato alla scoperta dei tempi e dei modi verbali della lingua italiana.

Adatto a tutti gli studenti dal principiante all'avanzato. Sono incluse le soluzioni.

**ALMA EDIZIONI**
viale dei Cadorna, 44
50129 Firenze - Italia
tel ++39 055476644
fax ++39 055473531
info@almaedizioni.it
www.almaedizioni.it